KB207022

_______________ 님의 소중한 미래를 위해

이 책을 드립니다.

코인 초보투자자를 위한
돈 되는 지식

코인 시장은 어떻게 움직이고 왜 움직이는가?

코인 초보투자자를 위한 돈 되는 지식

신년기·홍기훈·류지예·정호탁·정대화·조진형 지음

메이트북스

메이트북스 우리는 책이 독자를 위한 것임을 잊지 않는다.
우리는 독자의 꿈을 사랑하고,
그 꿈이 실현될 수 있는 도구를 세상에 내놓는다.

코인 초보투자자를 위한 돈 되는 지식

초판 1쇄 발행 2025년 5월 10일 | **지은이** 신년기·홍기훈·류지예·정호탁·정대화·조진형
펴낸곳 (주)원앤원콘텐츠그룹 | **펴낸이** 강현규·정영훈
등록번호 제301-2006-001호 | **등록일자** 2013년 5월 24일
주소 04607 서울시 중구 다산로 139 랜더스빌딩 5층 | **전화** (02)2234-7117
팩스 (02)2234-1086 | **홈페이지** matebooks.co.kr | **이메일** khg0109@hanmail.net
값 19,000원 | ISBN 979-11-6002-942-0 03320

잘못 만들어진 책은 구입하신 서점에서 교환해 드립니다.
이 책을 무단 복사·복제·전재하는 것은 저작권법에 저촉됩니다.

시장의 단기 변동성에 휘둘리지 말고,
장기적인 가치를 보라

• 워런 버핏(미국의 기업가이자 투자가) •

들어가며

코인 시장, 왜 지금 알아야 할까?

본격적인 이야기에 앞서 일단 용어부터 정리하고자 한다. 비트코인과 같은 블록체인 기술을 기반으로 하는 다양한 물건들은 암호자산, 암호화폐, 가상자산, 가상화폐와 같이 가상, 암호, 자산, 화폐의 조합으로 불린다. 그리고 각자의 목적에 따라 원하는 방식으로 이들을 부르다 보니 혼선이 생긴다. 전문가들도 용어 통일은커녕 자기 입맛대로 이름을 붙이다 보니, 독자는 혼란스럽기만 하다.

그러 이유로 이 책에선 그냥 단순화하기로 했다. 이들의 진정한 이름이 무엇이건 투자의 관점에서 잠재적 투자자들에게 정보를 제공하는 것을 목적으로 하기 때문에 비트코인이나 이더리움 등 블록체인 기술 기반으로 만들어진 '이러한 류'의 물건들은 전부 '코인'이라고 부르기로 한다. 괜히 소모적 싸움에 말려들 필요 없지 않겠나.

근거 없는 낙관론은 코인 시장에서도 금물!

지난 2016년 도널드 트럼프 대통령의 당선은 세상을 뒤흔들었다. 그리고 동시에 비트코인을 비롯한 코인 시장에도 큰 충격을 안겼다. 다만 그 당시 충격은 코인시장에 부정적인 방향으로 작용했다. 하지만 2024년 트럼프가 다시 대통령에 당선된 지금, 코인 시장은 그의 이전 임기 때와는 정반대로 '불장'을 맞이할 준비를 하고 있다. 비트코인 가격이 급등하고, 뉴스에서 코인 관련 소식이 넘쳐나며, 많은 사람들이 이 시장을 주목하기 시작했다. 아마 당신도 여기서 예외는 아닐 것이다.

그런데 솔직히 말해보자. 코인 시장은 겉으로 보기엔 단순해 보이지만, 막상 뛰어들면 어디서부터 시작해야 할지 막막하다. 왜 가격이 오르고 내리는지, 어떤 코인을 사야 할지, 언제 팔아야 할지조차 혼란스러울 것이다. 그리고 누구나 한 번쯤은 이런 질문을 던질 것이다. "코인 투자를 지금 시작해도 괜찮을까?"

이 책은 바로 그런 당신을 위해 쓰였다. 코인 시장에 처음 발을 들이려는 사람, 혹은 소소한 투자를 하고 있지만 조금 더 진지하게 접근하고 싶은 사람 등 수많은 사람들이 텔레그램의 리딩방, 유튜브 등과 같은 매체들을 통해 극단적인 긍정론을 내세워 수많은 사람들을 유혹하고 있고, 필자들은 이러한 상황이 우려스럽다.

그렇기에 우리가 이 책을 통해 하고 싶은 이야기는 단순하다. 코인 시장을 제대로 이해하고, 투자라는 관점에서 이 시장을 바라보는 방법을 알려주는 것이다. 이를 통해 독자들은 근거없는 낙관론이 아닌 최소한의 시장과 산업에 대한 이해로 무장하고 이 시장에 접근할 수 있기를 바란다.

왜 코인 시장인가?

서울은 약 700만 명의 코인 유저를 보유하고 있으며, GDP 기준 세계 10위의 경제를 배경으로 하는 아시아의 코인 리테일 중심지다. 2023년, 코인데스크가 선정한 세계 15대 코인 허브에서 서울은 4위를 차지했으며, 2024년 1분기에는 원화가 미국 달러를 제치고 세계에서 코인을 가장 많이 거래한 화폐가 되었다.

표면적으로 보면 서울과 한국의 코인 시장은 글로벌 리더로 자리 잡은 듯 보인다. 하지만 조금만 깊게 들여다보면 이 시장에는 여러 한계와 문제가 존재한다. 코인 기반 프로젝트의 다양성은 부족하고, 시장은 지나치게 개인 거래에 의존적이며, 대중의 관심 또한 코인 거래 자체에만 집중되는 경향이 있다. 이로 인해 코인 시장은 대중적으로 부정적인 이미지를 벗어나지 못하고 있다.

코인 시장과 산업의 관계는 마치 증권시장과 실물경제의 관계와도 같다. 도쿄(1980년대), 런던(1990년대), 두바이(2000년대 초반), 홍콩(2010년대 후반) 등 세계 여러 도시의 사례를 통해 우리는 실물경제로 뒷받침되지 못한 금융 시장이 얼마나 취약한지를 경험했다. 이를 서울의 코인 시장에 대입해보면, 현재 한국의 코인 시장은 성장 가능성을 잃어가고 있는 것은 아닌지 의문이 생길 수밖에 없다. 오히려 두바이, 아부다비, 뉴욕, 벤쿠버, 베를린, 오스틴 같은 후발주자가 더 큰 성장 가능성을 보여주는 것처럼 보이기도 한다.

그럼에도 서울은 여전히 코인 산업의 잠재적 허브로서 강력한 경쟁력을 가지고 있다. 대중의 크립토(암호화폐)에 대한 관심과 참여도가 높고, 세계 10위의 경제력을 가진 국가를 배후에 두고 있다는 장점은 무시할 수 없다. 코인데스크의 15대 허브 중 서울처럼 경제력과 참여도가 결합된 도시는 런던, 뉴욕, 로스앤젤레스 정도다. 이는 서울이 단순한 코인 거래 시장을 넘어 코인 산업의 중심지로 도약할 수 있는 기반을 이미 갖추고 있음을 보여준다.

이 책은 무엇을 이야기하는가?

이 책은 단순히 "코인을 어떻게 사고팔아야 하는가"를 이야기하지 않는다. 그런 정보는 인터넷과 유튜브에도 넘쳐난다. 그리고 재밌는 사실은 코인을 사고팔라고 이야기해주는 대부분의 사람들이 사실 그런 이야기 자체로 돈을 벌고 있다는 것이다. 좀 솔직해질 필요가 있지 않나 싶다. 그 누가 정말로 코인을 제대로 예측할 수 있을까? 사라고 주장한 다음 떨어지면 기다리라고 하고, 오르면 내가 맞았다고 하는 사람들은, 사지 말라고 주장하고 오르면 기다리라고 하면서 떨어지면 내가 맞았다고 주장하는 것과 다를 바 없는 주장을 하고 있다. 장담하건대 그 누구도 구체적으로 정확히 언제 코인이 얼마가 될지를 말해줄 수는 없다. 다만 확률에 의해 맞추는 사람들이 존재할 뿐이다.

그렇기에 우리는 이 책에서 코인 시장이 어떻게 움직이고 왜 움직이는가에 대해 알아보려고 한다. 이러한 지식은 당연하게도 건강한 코인 투자를 위해 필수적이다. 코인을 사라 혹은 사지 말아라 식으로 이야기하기보다는 이 책을 읽고 있는 독자들이 코인이 내 포트폴리오에 필요한지 필요하지 않은지, 코인 투자가 나의 위험 성향에 어울리는지 어울리지 않는지를 스스로 판단할 수 있는 근거를 제시하는 것이 목표이다.

코인 시장의 본질은 '내러티브'에 있다. 코인은 언제나 새로운 이야기를 만들어내고, 그 이야기에 따라 시장이 움직인다. 초기 비트코인은 '정부의 통제를 받지 않는 화폐'라는 내러티브로 시작되었다. 이후 이더리움은 '스마트 컨트랙트'라는 이야기를 더했고, 최근에는 'NFT, 탈중앙 금융(DeFi), 디지털 금'이라는 다양한 내러티브가 시장을 이끌었다. 하지만 모든 내러티브가 성공하는 것은 아니다. 어떤 내러티브는 시장에서 주목받다가 사라지기도 하고, 어떤 내러티브는 진화하며 더 강력해진다. 이 책은 바로 그런 내러티브의 탄생, 확산, 소멸의 과정을 통해 코인 시장의 본질을 탐구하려 한다.

코인 시장을 처음 접하는 사람도 이해하기 쉽게, 복잡한 기술적인 내용을 최대한 배제했다. 대신, 시장의 흐름과 투자 관점에서 알아야 할 핵심을 담았다. 그리고 다른 책들과는 다르게 코인 시장의 흐름과 미래에 대한 관점을 책의 서두에 담았다. 이 부분이 독자들이 가장 알고 싶어 하는 내용이 아닐까 생각했기 때문이다.

1장에 이어 각 장에서는 비트코인, 이더리움, NFT, DeFi, 그리고 ETF와 같은 주요 내러티브를 통해 코인 시장을 움직이는 요인을 분석한다. 이 책을 다 읽고 나면, 단순히 코인을 사는 법을 아는 것을 넘어, 왜 지금 코인을 사고파는지에 대해 근본적으로 이해하게 될 것이다.

트럼프의 재선은 코인 시장에 새로운 국면을 열었다. 가격은 급등하고, 대중의 관심은 다시금 집중되고 있다. 하지만 주목받는다고 해서 모두가 성공하는 것은 아니다. 코인 시장은 높은 가능성과 함께 높은 위험을 동반한다.

이 책은 당신이 단순한 호기심으로 시작한 코인 투자를 보다 체계적이고 전략적으로 접근하도록 돕는 길잡이가 될 것이다. 지금은 코인 시장의 문을 열기에 가장 적절한 시점이다. 자, 준비가 되었는가? 코인이라는 새로운 경제의 무대로 당신을 초대한다.

Korea Finance Leaders Group(KFLG)

이 책의 저자 6인은 Korea Finance Leaders Group(KFLG)의 멤버들로, KFLG에서 인연이 닿아 코인의 금융적 관점과 맥락을 대중에게 소통하고자 의기투합하여 이 책을 집필하게 되었다. KFLG는 400여 명의 금융 관련 종사자들이 모여 2024년에 발족한 금융인들의 네트워크 모임이다. 집필을 가능하게 해준 KFLG에 감사한다. 또한 KFLG의 간사이자 집필진의 간사를 맡아 성실하고 꼼꼼하게 지원해준 김정윤군에게도 감사한다.

차례

CHAPTER 1

코인, 지금이라도 투자해야 할까?

CHAPTER 2

국내외 최신 트렌드: 지금 코인 시장은 어디로 가고 있나?

CHAPTER 3

코인의 맥락과 역사: 과거를 알아야 미래가 보인다

CHAPTER 4

코인을 바라보는 금융의 시각: 내러티브와 경제적 이해

CHAPTER 5

코인 시장 이해하기: 시장을 알면 기회가 보인다

- 지금이라도 코인 투자를 시작해야 한다
- 당신이 진짜 궁금해하는 5가지 질문
- 코인의 미래는 어디로 향할까?

CHAPTER 1

코인, 지금이라도 투자해야 할까?

비트코인, 이더리움과 같은 대표 코인은 이미 제도적 기반을 마련하며 성장중이다. 특히 최근 블랙록, 피델리티와 같은 글로벌 자산운용사들이 비트코인 ETF 승인을 추진하며 암호화폐가 전통 금융시장으로 편입될 가능성이 높아지고 있다. 1장에서는 "코인, 지금이라도 투자해야 할까?"라는 질문에 대해 가장 분명하면서 대담한 메시지를 전한다. 그렇다. "지금이라도 코인에 투자 혹은 고려를 시작해야 한다!" 지금이 바로 시작할 때다. 결국 아는 만큼 보이고, 준비된 만큼 기회를 잡는다. 단, 무작정 뛰어드는 것이 아니라 정보를 습득하고, 작은 규모로 시작해보는 것이 중요하다. 가상자산 시장은 비대칭적 정보로 인한 도덕적 해이와 역선택의 문제에서 자유롭지 않다. 또한 시장 참여자들의 군집행동은 자산 가격의 과도한 변동성을 초래하며, 투자의 합리성을 저하시킬 수 있다. 따라서 투자자는 정보의 출처와 신뢰성을 엄격히 검증하고, 심리적 편향을 최소화하기 위한 지속적 노력을 기울여야 한다. 이는 시장의 비이성적 과열 및 패닉 상황에서도 침착한 대응력을 유지하게 하는 핵심이다. 궁극적으로 시장의 불확실성을 관리하는 역량이 가상자산 투자의 성패를 좌우한다.

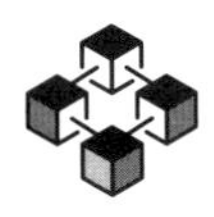

지금이라도 코인 투자를 시작해야 한다

지금 이 페이지를 읽고 있다는 건, 당신이 코인 투자에 적잖은 관심이 있다는 뜻일 것이라 생각한다. 이제 막 코인 시장에 발을 들이려는 단계이든, 이미 소소하게 사고팔며 시장을 기웃거리고 있는 단계이든, 이 시점에서 가슴에 손을 얹고 솔직히 답해보자. 코인의 미래가 정말 궁금한가? 아니면 지금 코인에 투자해도 될지 그 '확신'을 얻고 싶은 건가?

사실, 이 책의 첫 장을 어떻게 구성할지 많은 고민을 했다. 대부분의 코인 관련 책들은 아마도 '블록체인'이나 '코인의 역사'로 책을 시작하니까 말이다. 그래서 필자도 자연스럽게 코인의 개념과 역사로 1장을 기획했다. 그러나 이 책은 '투자자에게 실질적인 도움을 주는 것'을 목적으로 삼았기에 당장 궁금한 현실적 주제를 먼저 다루기로 했다. 결국에는 투자를 해야 하는가, 말아야 하는가를 알고 싶어서 이 책을 집어들었을 테니까. 그래서 마지막에 놓여 있던 내용을 맨 앞으로 옮겨왔다.

자, 거두절미하고 두괄식으로 답하려 한다. "코인, 지금이라도 투자해야 할까?" 그런 의미에서 이 책에서 가장 분명하면서 대담한 메시지를 전한다. 그렇다. "지금이라도 코인에 투자 혹은 고려를 시작해야 한다!"

코인 투자, 왜 지금인가?

현재 암호화폐 시장은 전 세계 투자가능 자산의 약 1% 수준을 차지한다. 이는 과거 신흥 시장이었던 인터넷 주식들이 본격적으로 확산되기 전, 그 가치가 과소평가되었던 시점과 닮아 있다.

비트코인, 이더리움과 같은 대표 코인은 이미 제도적 기반을 마련하며 성장중이다. 특히 최근 블랙록, 피델리티와 같은 글로벌 자산운용사들이 비트코인 ETF 승인을 추진하며 암호화폐가 전통 금융시장으로 편입될 가능성이 높아지고 있다. 암호화폐의 시가총액은 약 3조~4조 달러 수준으로, 이는 글로벌 주식 시장(약 100조 달러)이나 채권 시장(약 120조 달러)에 비해 매우 작은 시장이다. 이처럼 초기 성장 단계에 있는 자산군에 적절히 포트폴리오를 배분한다면 향후 가치 상승 가능성을 누릴 수 있는 기회가 생긴다.

무엇보다 코인은 단순한 자산이 아닌 블록체인 기술을 기반으로 새로운 경제적 가치를 창출할 수 있는 수단이다. 예를 들어 탈중앙 금융(DeFi), NFT, 탈중앙화 자율 조직(DAO) 등은 기존 금융, 엔터테인먼트 등과 같은 산업의 한계를 넘는 새로운 혁신을 제시하고 있다.

단, 코인 투자의 그림자도 반드시 살펴봐야 한다. 햇빛 아래 모든 것은 그림자를 남긴다. 코인 투자도 마찬가지다. 특정 프로젝트나 밈코인에 대해 지나치게 과장된 홍보에 의존해 투자 결정을 내리는 것은 위험하다. 암호화폐 시장은 아직 변동성이 크고, 규제적 리스크가 완전히 해소되지 않았다. 또한 투자 금액은 항상 건전한 자산 배분 관점에서 결정해야 한다. 지나치게 높은 비중을 투자하면 단기적 손실 위험에 크게 노출될 수 있다.

코인 투자의 첫 발걸음을 위한 제언

지금이라도 코인 투자를 시작 또는 최소한 준비는 해야 한다. 하지만 무작정 뛰어드는 것이 아니라 정보를 습득하고, 작은 규모로 시작해보는 것이 중요하다.

- 거래소와 지갑 사용법을 익히며 기술적 이해를 쌓아라.
- 비트코인과 이더리움 같은 대형 코인부터 관심을 가지는 것도 좋은 출발점이다.

- 시장의 내러티브를 읽는 능력을 키워라. 내러티브는 투자 심리의 핵심이다.

이 책이 당신의 소중한 재산을 지키고 키우는 데 작은 나침반이 되길 바란다. 코인은 이제 막 열린 새로운 금융의 장이다. 준비된 자에게는 기회로, 준비되지 않은 자에게는 위기로 다가올 것이다.

지금이 바로 시작할 때다. 결국 아는 만큼 보이고, 준비된 만큼 기회를 잡는다.

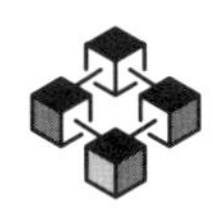

당신이 진짜 궁금해하는 5가지 질문

'이 책을 선택한 독자들이 가장 듣고 싶어 하는 이야기가 무엇일까'에 대한 고민의 맥락에서, "비트코인은 언젠가 10억 원이 될까요?" 같은 이야기를 나열하는 건 의미가 없다고 생각했다. 미래를 정확히 예측할 수 있는 사람은 아무도 없으니까. 내가 아니라 당신이 가장 잘 알지 않은가?

우리 주변엔 종종 이런 말을 하는 사람들이 있다. "30년 뒤에는 비트코인이 전 세계를 지배할 거야!" "정부가 곧 코인을 전부 금지할 거야!" 이런 이야기들은 마치 내일 당장 무슨 일이 일어날 것처럼 과장되곤 한다. 하지만 필자가 이 장에서 이야기할 미래는 그런 거창한 예측이 아니다.

30년 뒤의 미래 예측? 그건 꿈일 뿐!

코인의 30년 뒤가 아니라 3년 정도 뒤의 현실적인 이야기를 하려 한다. 3년 정도면 지금 내린 투자 결정을 재평가할 시점이기 때문이다. 그래서 이 논의는 특별한 목적을 가진 예언이 아니라, 현재까지의 흐름을 바탕으로 가장 가능성이 높은 시나리오를 합리적으로 그려보는 것이다.

또한 "코인 산업은 이런 방향으로 발전할 겁니다" 같은 이야기 역시 독자의 입장에서는 와닿지 않을 것이라고 생각했다. 그건 시장 전문가나 언론의 몫이지, 투자를 고민하는 이들이 궁금한 이야기는 분명 아닐 것이다.

그래서 방향을 조금 바꿔보았다. 내 주변에서 코인 투자에 막 관심을 가지기 시작한 30대, 40대들에게 트럼프의 당선으로 불장이 왔다는데, 대체 무엇이 궁금한지 물었다. 그리고 다섯 개의 공통된 질문을 뽑았다. 코인 투자를 고민하는 당신도 아마 이런 질문을 하고 있을지 모른다.

트럼프의 재선 이후, 내 주변에도 코인에 관심을 가지기 시작한 사람들이 많아졌다. 그래서 그들에게 물어봤다. "코인의 미래에 대해 뭐가 가장 궁금한가요?" 흥미롭게도 대다수의 질문은 기술적이거나 전문적인 것이 아니었다. 오히려 투자의 관점에서 현실적으로 궁금한 질문들이었다. 이 질문들은 당신도 분명 고민해보았을 만한 것들이다.

- 질문 1: 비트코인은 미래의 화폐가 될 수 있을까?
- 질문 2: 비트코인은 디지털 금으로 자리 잡을까?
- 질문 3: 블록체인 기술은 정말로 유망한 기술인가?
- 질문 4: CBDC가 도입되면 코인은 어떻게 될까?
- 질문 5: 나는 코인에 투자해야 할까?

이 질문들을 중심으로 이야기를 풀어볼 생각이다. 단, 명심하자. 이 책이 독자에게 "당장 투자하라"거나 "지금은 기다려라" 같은 확신을 줄 순 없다. 대신, 독자가 스스로 투자 여부를 결정하는 데 필요한 생각의 근거를 제공할 뿐이다. 코인 시장의 미래는 누구도 알 수 없다. 하지만 한 가지 확실한 건 있다. 코인의 흐름은 내러티브, 기술, 규제, 그리고 투자자들의 심리로 만들어진다. 결국 이 시장의 미래를 움직이는 건 다름 아닌 독자들의 선택이다.

코인의 미래는 정말 밝을까? 그리고 독자 여러분은 그 미래를 만들어갈 준비가 되어 있을까? 이 질문에 대한 정답은 없다. 하지만 한 가지 분명한 사실은, 기술과 제도가 빠르게 변하는 이 시대에 '준비된 투자자'만이 그 기회를 자기 것으로 만들 수 있다는 점이다. 특히나 가상자산의 가치는 내재가치보다는 시장의 기대와 투기적 수요에 의해 형성되는 경우가 많다. 따라서 가상자산 투자는 심리적 편향을 극복하고 객관성을 유지하는 것이 관건이다. 이를 위해서는 스스로 충분히 고민하고 성찰하고, 배경 지식과 전략을 갖춘 사람이 되어야 할 것이다.

질문 1
비트코인은 미래의 화폐가 될 수 있을까?

질문 1에 대해 정말 솔직히 말하면, 가능성은 낮다. 비트코인을 통해 커피 한 잔을 사거나, 친구에게 저녁식사 값을 보내는 장면을 상상하는 건 멋지지만, 현실은 복잡하다. 비트코인의 가장 큰 걸림돌은 '극단적인 가격 변동성'과 '느린 거래 승인 속도'다.

가격이 하루아침에 10%씩 오르내리는데, 누가 비트코인으로 거래를 하고 싶겠는가? 또한 거래가 성사되기까지 평균 10분이 걸리고, 네트워크가 혼잡할 땐 몇 시간도 걸릴 수 있다. 여기에 높은 거래 수수료와 복잡한 세금 문제까지 더해지면, 일상적인 화폐로 사용하기엔 너무 불편하다. 그래도 비트코인이 특정 국가나 상황에서 대안적인 거래 수단으로 자리 잡을 가능성은 있다. 경제가 불안정한 국가나 전통 금융 시스템에 접근할 수 없는 사람들이라면 비트코인을 더 활용할 수 있을지도 모른다. 하지만 글로벌 화폐로서의 비트코인은 아직 요원한 꿈이다. 비트코인이 범용적인 결제 수단으로 자리 잡기 위해서는 변동성을 완화할 수 있는 금융공학적 혁신이나 제도적 뒷받침이 필수적으로 요구된다. 특히 글로벌 화폐로서의 신뢰를 얻으려면 각국의 규제적 합의와 기술적 표준화가 선행되어야 할 것이다. 이러한 조건들이 충족되지 않는 한, 비트코인이 보편적 화폐로 자리 잡기는 현실적으로 어렵다.

질문 2
비트코인은 디지털 금으로 자리 잡을까?

여기엔 조금 더 희망이 있다. 비트코인은 '디지털 금'이라는 별명을 가지고 있다. 왜냐하면 금처럼 공급량이 제한되어 있고, 보유와 거래가 쉬운 자산이기 때문이다.

그렇다고 해서 비트코인이 진짜 금과 같은 가치를 가진다고 보긴 어렵다. 금은 귀금속으로서 보석과 산업에 쓰이는 실질적 용도가 있지만, 비트코인은 그런 물리적 용도가 없다. 그럼에도 비트코인은 대체 투자 자산으로 인기를 끌고 있다. 특히 주식, 채권과의 상관관계가 낮아 투자 포트폴리오에서 리스크를 분산하는 역할을 할 수 있다.

결론적으로, 디지털 금이라는 내러티브는 살아남을 가능성이 높다. 다만 그 가치는 금처럼 안정적이라기보다는 투자 심리와 시장 변동성에 크게 의존한다는 점을 명심해야 한다.

정리하자면 비트코인이 디지털 금으로 자리 잡기 위한 핵심 요건은 금과의 상관관계와 함께 대체투자자산으로서의 역할을 수행할 수 있는지 여부다. 학술적으로 볼 때, 비트코인은 전통적 위험회피자산인 금과 비교해 단기적 가격 변동성이 크지만, 장기적 관점에서 포트폴리오 내 위험 대비 수익률을 개선할 수 있는 가능성을 가지고 있다. 특히 기존 금융 시스템의 불확실성이나 글로벌 경제 위기 시기에 비트코인의 가치가 상승하는 경향을 보이는 등 일종의 안전자산 효과가 제한적으로나마 나타나고 있다는 연구 결과도 존재한다. 하지만 이러한 현상이 지속 가능한 투자 논리로 자리 잡기 위해서는 암호화폐 시장의 규제적 안정성과 제도적 기반이 필수적이다. 향후 비트코인의 '디지털 금' 내러티브는 시장의 구조적 발전과 함께 검증될 필요가 있다.

질문 3
블록체인 기술은 정말로 유망한 기술인가?

사실 여기에 대해서는 기술자가 아닌 필자들이 단언할 수 있는 문제는 아니다. 한 가지 분명한 것은 블록체인 기술이 사회와 시장의 관점에서 그 가치를 증명하기 위해 고군분투중이라는 사실이다. 비트코인의 기반 기술인 블록체인은 이미 금융, 물류, 헬스케어 등 다양한 산업에서 그 가능성을 증명하기 위해 노력하고 있다.

블록체인의 가장 큰 장점은 '탈중앙화, 데이터 보안, 투명성'이다. 이를 통해 금융 거래를 간소화하고, 공급망을 최적화하며, 개인 데이터를 안전하게 보호할 수 있다. 하지만 블록체인 기술이 코인과 동일한 의미로 받아들여지는 것은 오류다. 블록체인은 코인 없이도 충분히 응용될 수 있다.

결국 블록체인은 코인의 성패와 상관없이 미래에도 기술 그 자체는 남을 것으로 예상한다. 투자자로서는 코인보다 블록체인 기반의 실질적 서비스나 응용 사례를 주목하는 것이 더 현명할 수도 있다는 의미이다. 그러니 코인보다 블록체인 기반 실용서비스(기업이 실제로 쓰는 솔루션, 인프라 프로젝트) 쪽에 주목하자. 기술 자체의 미래는 밝을 수 있지만, 코인 선택 시 이 기술이 실제 가치를 창출하는지는 검증해야 한다.

질문 4
CBDC가 도입되면 코인은 어떻게 될까?

CBDC(중앙은행 디지털 화폐)는 이미 여러 국가에서 실험중이고, 중국은 디지털 위안을 상용화 단계에 올렸다. 그렇다면 CBDC는 비트코인 같은 코인의 적일까? 아니면 공존할 수 있을까?

CBDC는 기존 화폐를 디지털로 변환한 것일 뿐, 블록체인의 탈중앙화 원칙과는 다르다. 정부가 통제하는 디지털 화폐이기 때문에, 코인이 내세우는 탈중앙성과 익명성의 매력을 대체할 수는 없다. 물론 현재 많은 코인들이 탈중앙성도, 익명성도 가지지 못한 것은 논외다.

하지만 결제와 송금 같은 일상적인 거래에서는 CBDC가 훨씬 효율적이고 안정적일 것이다. 이는 코인의 결제 수단으로서의 매력을 감소시킬 가능성이 크다. 그러나 투자 자산으로서의 코인은 여전히 독자적인 시장을 유지할 수 있다.

그러므로 이 책은 독자들에게 코인을 '결제 혁신'보다는 '투자 대안'으로 해석할 것을 제안한다. CBDC가 안정적인 결제 수단을 대체한다면, 코인은 추가적 수익 기회나 탈중앙 가치를 믿는 이들의 틈새(niche) 자산이 될 가능성은 있다.

|

질문 5

나는 코인에 투자해야 할까?

이 질문에 대한 답은 그리 간단하지 않다. '당신이 리스크를 감수할 준비가 되어 있는가?'가 가장 중요하다. 코인 투자는 여전히 투기적인 성격이 강하고, 변동성도 높다. 그럼에도 불구하고 다양한 규제가 만들어지고 수많은 사람들이 시장에 진입하면서 이전의 사기와 시세조종이 만연한 극초기 시장의 불안정한 시장 상황에서 벗어나고 있는 중이라고 생각한다. 코인의 실제 또는 이용 가치가 존재하는지에 대한 논의와는 별개로 코인은 시장가치가 존재하는 투자 가능한 디지털 자산의 성격을 띠기 시작했다는 것이 중요하다고 생각한다.

따라서 필자는 새로 진입하는 투자자들의 경우, 스스로의 위험회피 성향에 따라, 포트폴리오의 일부에만 할당, 규제·기술·경제 동향

관찰 후 신중히 접근하길 권한다. 투자금의 일부 또는 모두를 잃을 각오를 한 상태에서, 충분한 정보수집과 장기적 관점으로 임해야 한다는 의미다. 예를 들면 본인의 월 소득의 두 배, 또는 전체 투자자산의 5% 또는 10%, 이런 식으로 말이다. 물론 구체적인 액수와 비중은 개인에 따라 달라져야 할 것이다.

만약 당신이 코인에 투자한다면, 시장의 내러티브와 기술적 진보, 그리고 규제 동향을 면밀히 관찰하며 신중하게 접근하길 추천한다. 과도한 비중 대신, 안정자산(안전자산이 아니다)과 병행해 소량을 편입하고 FOMO(Fear of Missing Out, 놓칠까 하는 두려움)에 흔들리는 갈대가 되지 말고 냉정하게 합리적인 전략을 수립, 실행해야 한다.

그리고 반드시 손실이 날 가능성에 대한 대비와 각오를 하고 투자하라. 이 시장에서 확실한 건 오직 '불확실성'뿐이기 때문이다.

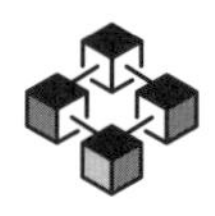

코인의 미래는 어디로 향할까?

코인의 미래는 단정 지을 수 없다. 하지만 비트코인의 디지털 금으로서의 가능성, 블록체인의 기술적 잠재력, 중앙은행 디지털 화폐(CBDC)와의 공존 가능성은 투자자들이 주목해야 할 중요한 변수들이다. 이 책을 통해 독자들이 코인 시장에서의 여정을 시작하거나 지속하는 데 있어, 명확한 방향을 설정하는 데 도움을 받을 수 있기를 바란다. 특히 코인을 단순히 투기적 자산이 아닌, 포트폴리오의 일부로 편입할 수 있는 가능성을 중심으로 고민해볼 시점이다. 이는 단순한 수익 추구를 넘어서, 새로운 자산군을 이해하고 활용하는 전략적 접근이 필요하다는 뜻이기도 하다. 변화하는 금융 환경에서 코인을 바라보는 시각도 성숙해질 필요가 있으며, 이는 투자성과뿐만 아니라 전체 금융 시스템의 안정성에도 긍정적인 영향을 미칠 것이다.

코인의 투자 매력

변동성, 성장성, 포트폴리오

현재 코인을 둘러싼 논의는 단순히 "지금 사야 할까, 기다려야 할까?"라는 이분법에 그치지 않는다. 코인은 이제 단순히 변동성이 큰 투기적 자산으로만 인식되지 않는다. 비트코인은 디지털 금이라는 별칭처럼 공급량이 제한되어 있고, 주식, 채권 등 전통적 자산군과 낮은 상관관계를 보여 투자 포트폴리오의 리스크 분산 도구로 주목받고 있다.

코인은 여전히 변동성이 높고 예측하기 어려운 자산이지만, 그 안에는 독특한 투자 매력이 존재한다. 전통적인 주식, 채권과 달리, 코인은 특정 산업이나 국가에 국한되지 않고 글로벌 경제의 디지털화를 기반으로 성장하고 있다. 이는 코인이 단기적으로는 큰 변동성을 보이더라도, 장기적으로는 기술적 혁신과 제도적 수용에 따라 새로운 자산군으로 자리 잡을 가능성을 열어둔다.

비트코인의 경우, 특히 인플레이션이 심화되거나 전통 금융 시스템에 대한 신뢰가 흔들리는 시기에 매력적으로 작용할 수 있다. 한편 이더리움과 같은 알트코인은 단순한 가치 저장 수단을 넘어 스마트 계약과 분산 애플리케이션(dApp) 생태계를 지원하며, 블록체인의 기술적 확장 가능성을 증명하고 있다. 투자자 입장에서는 이러한 기술적 혁신이 장기적으로 경제 및 사회적 구조를 바꿀 잠재력을 가졌다는 점에서 주목할 필요가 있다.

실제로 글로벌 자산 관리 기업들은 비트코인을 비롯한 주요 코인을 대체 투자 자산으로 점진적으로 받아들이고 있다. 예를 들어 투자 포트폴리오의 1~5% 비중을 코인에 할당해 전체 변동성을 낮추고 고수익을 추구하는 전략이 종종 언급된다. 물론 이는 코인의 높은 변동성과 리스크를 감수할 준비가 되어 있는 투자자들에게 적합한 접근법이 될 수 있다.

코인 투자의 타이밍
지금이 적기인가?

코인 투자를 고민하는 이들에게 있어 가장 중요한 질문은 "지금이 적기인가?"이다. 그리고 아주 당연하게도 이에 대한 정답은 없다. 누군가 이에 대한 정답을 제공한다면, 그 사람을 최대한 피하라고 조언하고 싶다.

코인의 투자 시점에 대한 결정은 단순히 시장 분위기나 단기적 가격 흐름에 의존해서는 안 된다. 코인은 아직 초기 자산군으로 분류되며, 제도적 수용과 기술적 발전에 따라 그 가치가 급격히 변동될 가능성이 높기 때문이다.

코인이 이미 금융시장 내에서 점진적으로 제도권으로 편입되고 있다는 점은 주목할 만하다. 예를 들어 비트코인 현물 ETF의 상장은 코인을 전통 금융 시장에 연결시키는 중요한 이정표였다. 또한 기관 투자자들이 코인을 매입하고, 기업들이 자산 관리의 일환으로 코인을 보유하기 시작했다는 점은, 코인이 단순한 트렌드를 넘어 자산군으로 성장하고 있음을 보여준다.

예를 들어 비트코인 현물 ETF의 상장은 코인을 전통 금융 시장에 연결시키는 중요한 단계였다. 이는 기관 투자자들에게 코인에 대한 접근성을 높여 코인의 유동성과 안정성을 증가시키는 결과를 낳았다. 이러한 제도적 변화는 코인 시장의 장기적 성장을 뒷받침하는 긍정적인 신호로 해석될 수 있다.

하지만 반대로 코인의 가격은 외부 요인에 민감하게 반응한다는 점도 간과할 수 없다. 글로벌 경제 상황, 규제 변화, 기술적 결함 등이 코인의 가치를 급락시키는 원인이 될 수 있다. 투자자들은 이러한 요인을 고려해 자신의 투자 계획을 수립해야 하며, 단기적 이익을 추구하기보다는 장기적 안목으로 접근할 필요가 있다.

코인의 가격은 여전히 변동성이 크고, 특정 내러티브나 외부 요인에 민감하게 반응한다. 하지만 이는 초기 단계의 자산군이 가지는 특성일 뿐만 아니라, 장기적 관점에서 점진적으로 안정성과 신뢰성을 확보하는 과정으로 이해될 수 있다. 따라서 단기적 가격 변동에 따른 의사결정보다는 펀더멘털의 변화와 시장의 제도화 과정을 중심으로 투자 전략을 수립하는 것이 중요하다. 또한 분산투자를 통해 리스크를 관리하면서 암호자산의 장기적 가치를 평가해야 한다. 결국 중요한 것은 타이밍 그 자체보다, 시장의 흐름을 읽고 자신만의 기준을 세워 꾸준히 대응할 수 있는 투자 태도다.

코인 시장의 리스크와 현실적 접근

코인 시장은 극도의 변동성을 동반하며, 이는 투자자들에게 큰 기회이자 리스크로 작용한다. 즉 투자자들에게 잠재적 이익과 동시에 큰 손실을 안길 수 있다는 의미다. 따라서 투자자는 막연한 장밋빛 기대보다는 현실적 정보와 리스크 분석에 집중해야 한다. 특히 전 재산을 코인에 투자하기보다는, 포트폴리오의 일부로 편입하는 방식이 현명하다. 예를 들어 투자 포트폴리오의 일부를 코인에 배정함으로써 전체 포트폴리오의 리스크 대비 수익성을 개선할 수 있는 가능성을 열어두는 것이다. 코인은 높은 변동성과 규제 리스크를 동반한다. 따라서 투자자는 코인을 포트폴리오의 일부로 편입하더라도, 그 비중을 신중히 설정해야 한다.

전통적인 자산군과의 상관관계를 분석해보면, 코인은 낮은 상관관계를 보여 포트폴리오 다각화의 도구로 활용될 수 있다. 하지만 이는 코인의 가격이 급등하거나 급락했을 때 전체 자산에 미치는 영향도 함께 고려해야 함을 의미한다. 예를 들어 비트코인의 경우 과거 몇 차례 큰 폭의 하락을 경험했지만, 이를 장기적 관점에서 보면 높은 수익률을 기록했다. 이는 투자자들에게 코인의 리스크를 견딜 수 있는 인내와 철저한 관리가 필수적이라는 점을 시사한다.

코인 투자자들이 잊지 말아야 할 점은 '코인의 미래를 명확히 예측할 수 있는 사람은 없다'는 것이다. 그렇기에 코인은 철저히 여유 자금으로 투자해야 하며, 가격 변동성에 대비한 장기적인 투자 계획이 반드시 필요하다.

코인 투자 원칙

정보와 원칙에 기초한 결정

코인 투자에서 가장 중요한 것은 '정보에 기초한 판단'이라고 생각한다. 코인 시장은 소셜 미디어, 뉴스, 시장 분석 보고서 등 다양하면서도 부정확한 정보가 난무한다. 투자자는 이러한 정보 중에서 객관적이고 신뢰할 수 있는 자료를 기반으로 자신의 결정을 내려야 한다.

특히 코인 투자는 원칙을 바탕으로 이루어져야 한다. 이는 곧 투자 목표를 명확히 설정하고, 투자 기간, 비중, 리스크 허용 수준을 미리 결정하는 것을 의미한다. 예를 들어 코인을 단기적 투기 수단으로 활용할 것인지, 장기적 자산 축적 수단으로 활용할 것인지에 따라 투자 전략은 크게 달라진다.

리밸런싱(rebalancing) 또한 중요한 투자 원칙 중 하나다. 코인의 가격이 급등하거나 급락했을 때, 투자자는 초기 설정한 자산 배분 비율을 유지하기 위해 주기적으로 포트폴리오를 재조정해야 한다. 이는 장기적으로 안정적인 투자 수익을 확보하는 데 도움을 줄 수 있다.

코인은 여전히 불확실성이 높은 자산군이다. 하지만 그 안에는 전통 자산군이 제공하지 못하는 독특한 기회가 존재한다. 투자자는 코인의 변동성을 기회로 삼되, 현실적 정보와 신중한 판단을 기반으로 접근해야 한다. 코인을 포트폴리오의 일부로 편입하더라도, 이는 철저히 여유 자금으로 해야 하며, 리스크 관리와 장기적 관점이 필수적이다.

코인의 미래는 예측하기 어렵지만, 블록체인 기술과 제도적 변화는 코인을 점차 자산군으로 자리매김하게 하고 있다. 이러한 변화 속에서 투자자는 자신의 원칙과 정보를 바탕으로 시장의 소음을 넘어선 결정을 내릴 수 있어야 한다. 이는 코인 시장에서의 성공적인 여정을 시작하는 첫걸음이 될 것이다.

- 글로벌 이슈와 현황: 코인, 전 지구적 화두가 되다
- 트렌드(방향성): AI, RWA, DeFi
- 규제: 투명한 룰, 안정적 투자 환경

CHAPTER 2

국내외 최신 트렌드

지금 코인 시장은 어디로 가고 있나?

코인은 세계적으로 주목받는 투자 대상이 되었다. 최근 트럼프 대통령의 재선으로 미국도 코인 친화적 정책을 도입하고 있으며, 2024년 초 비트코인 ETF 출시로 제도권 금융으로 편입 또한 본격적으로 시작되었다. 또한 디지털 금으로서 비트코인의 영향력은 강화되고 있고, 여러 글로벌 기업들도 코인수용을 확대하고 있는 중이다.

코인 시장의 트렌드를 보면, 최근 AI와 융합되고, 실물 자산을 디지털화하며, 탈중앙화 금융을 실험하면서 진화하고 있는 상황이다. 규제 측면에서 보면, 한국은 강한 규제로 코인 시장의 신뢰를 높이려 하지만 발전을 저해한다는 비판도 있다. 아직 전 세계적으로도 공통된 규제 방향은 나타나지 않고 있으며, 여러 나라들이 규제와 혁신 사이에서 다양한 입장을 취하는 중이다.

이런 상황 속에서 투자자들은 단순한 수익률만이 아닌, 코인이 향후 금융 시스템과 기술 혁신에 어떤 역할을 할지에 주목하고 있다. 각국의 정책과 시장 흐름, 기술 발전이 맞물리며 코인은 점차 글로벌 자산 포트폴리오의 핵심 요소로 자리 잡아가고 있다. 이제는 코인 생태계를 단순히 '투기 시장'이 아닌, 변화의 방향성과 가치를 가늠하는 미래 산업의 바로미터로 이해할 필요가 있다.

글로벌 이슈와 현황: 코인, 전 지구적 화두가 되다

코인은 이제 마니아들만의 전유물이 아니다. 세계 주요 언론은 비트코인, 이더리움 등의 코인 가격과 기술 동향을 연일 보도하며, 대중의 인식이 개선되고 있다. 트럼프 대통령의 재당선을 촉매로 한 '불장(Bull Market)' 가능성이 거론되고 있다. 동시에 제도화가 빠르게 진행되고 있는 가운데 코인은 점점 주류 투자자산으로 자리 잡는 모습이다. 코인 시장이 어디로 향하는지 이해하려면 글로벌 이슈와 현황, 신규 트렌드의 부상, 그리고 규제 환경의 변화라는 세 가지 축을 살펴볼 필요가 있다. 본 장에서는 우선 전 세계적으로 코인이 어떻게 화두가 되고 있는지 살펴본 뒤, AI 결합·실물자산 토큰화·DeFi 등 최근 부상하는 시장 트렌드를 알아보고, 마지막으로 국내외 규제의 현황과 미래를 짚어보고자 한다.

트럼프 재선 효과

이제 미국도 코인에 우호적

과거 미국은 코인에 보수적이었다. 트럼프의 첫 임기 때도 그랬다. 그러나 이번 선거유세부터 당선 이후까지 트럼프는 코인 친화적 메시지와 방향을 강조하며 미국을 코인 선도국으로 만들겠다는 의지를 드러냈다. 그가 재선하자 비트코인을 비롯한 여러 코인들은 가격 급등세로 화답했다.

코인 친화적 등용

SEC(증권거래위원회) 수뇌부를 코인 친화적 인물로 교체하고, 대통령 직속 코인 자문위원회를 설치해 업계 목소리를 반영한다고 했다. 코인에 대해 우호적인 의원들도 힘을 얻으며, 관련 법안 통과 가능성도 높아졌다.

국가 차원의 비트코인 비축

미국도 비트코인을 전략적 비축자산으로 보아야 한다는 것이다. 심지어 이렇게 비축한 코인의 가격이 지속적으로 상승한다면 인플레와 천문학적 정부 부채까지 해결할 수 있다는 놀라운(?) 발언도 나오고 있다. 뿐만 아니라 중국, 러시아, 일본 등 주요국들도 비트코인의 비축을 국가자산 관점에서 검토하고 있다.

세계 주요 국가들이 소유한 비트코인 현황

국가	비트코인 개수	환산가치	2,100만 개의 비중(%)
미국	207,189	$21,387,065,877	0.987%
중국	194,000	$20,025,632,540	0.924%
영국	61,000	$6,296,719,510	0.29%
우크라이나	46,351	$4,784,577,803	0.221%
부탄	13,029	$1,344,917,352	0.062%
엘살바도르	5,942	$613,362,415	0.028%
핀란드	1,981	$204,488,546	0.009%
조지아	66	$6,812,844	0.0%
독일	0.0	$0	0.0%
합계	**529,558**	**$54,663,577,592**	**2.522%**

출처: treasuries.bitbo.io/countries/

이 표는 국가들이 소유한 비트코인 현황이다. 보다시피 한국을 포함해 다수의 국가들은 아예 목록에도 없으며, 비트코인 전체의 2.522%에 불과하다.

만약 더 많은 국가들이 더 많은 비트코인을 매수한다면 코인 시장에서의 수요를 증가시켜 가격 상승의 요인이 될 수 있다.

CBDC보다 스테이블코인

연방준비제도가 발행하는 디지털 달러(CBDC)에 반대하고 스테이블코인과 민간 암호자산이 주도하는 생태계를 장려한다. 이를 위해 디지털 자산 분류법 등 제도화에 속도를 내어 미국이 민간 혁신을 통해 전 세계 코인계를 이끌려는 전략적 행보로 읽힌다.

트럼트 재선 이후 리플 가격 추이

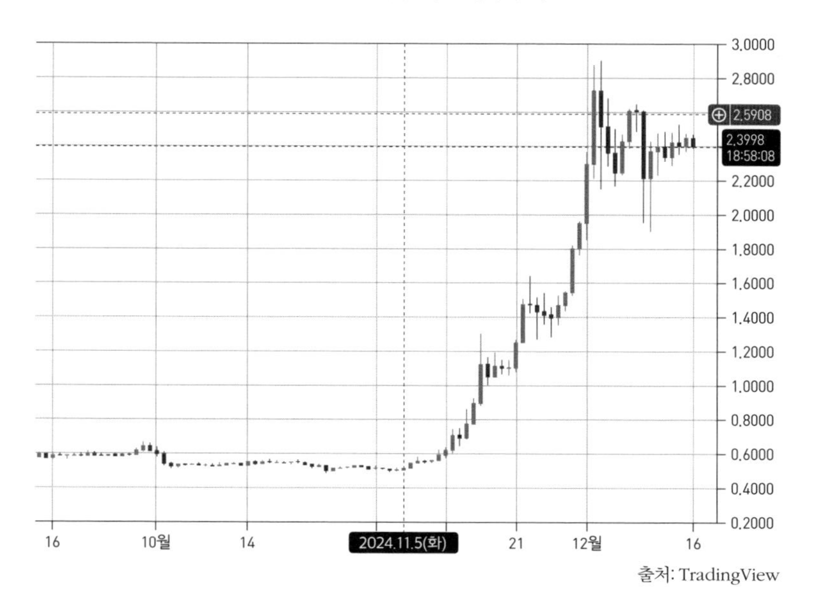

출처: TradingView

이 공약이 트럼프의 코인 공약 중 민간 영역에서는 가장 영향력이 크지 않을까 추측한다. 왜냐하면 국가의 공권력을 가진 CBDC가 본격적으로 도입되면 민간 코인들은 어려움을 겪을 가능성이 매우 높기 때문이다.

이를 반영하듯이 대표적인 스테이블코인인 USDT와 USDC의 거래량이 크게 늘었다. 다른 예로 리플(XRP)의 가격도 급등했다. 리플은 글로벌 송금 및 결제 시스템의 혁신을 목표로 하는데 리플의 새로운 스테이블코인 RLUSD에 대한 기대가 커졌다는 해석이다.

엘살바도르: 비트코인이 무려 법정화폐?!

중미의 인구 640만의 작은 나라 엘살바도르는 2021년 세계 최초로 비트코인을 법정화폐로 채택하며 주목받았다. 나입 부켈레 대통령은 비트코인을 통해 경제 혁신을 이루겠다는 목표로 국가 예산을 동원해 비트코인을 매입했다. 초기에는 가격 폭락으로 손실이 발생했지만, 최근 비트코인 가격 상승과 국민의 전자지갑 사용 확대 덕분에 경제적 반전이 이루어지고 있다.

부탄: 히말라야 산맥에서 도 닦으며 비트코인 채굴

인구 77만의 작은 나라인 부탄은 엘살바도르보다 2배 많은 비트코인을 보유하고 있으며, 이는 GDP의 약 40%에 해당한다. 전력 공급을 위해 험난한 지형에 지어진 댐에서 수력발전을 하는데, 코로나19로 인해 중요한 수입원인 관광객이 줄어들자 2017년부터 남아도는 전력을 비트코인 채굴로 돌린 것이다. 우리나라는 부탄보다 전력 생산력이 더 뛰어난데, 만약 우리나라가 유휴 전력으로 채굴이라도 했으면 어땠을까?

코인 ETF
제도권 금융과의 융합

2024년부터 비트코인 ETF 출시 러시가 시작되었다. 미국 SEC 승인 이후 영국 FCA, 홍콩 SFC 등 주요 금융당국이 차례로 현물 ETF를 허용하고 있다. 이더리움 ETF까지 등장했고, 벌써 70종 이상의 ETF를 글로벌 자산운용사들이 속속 발행했다. 이로 인해 280억 달러 이상의 자금이 유입되었다. 관련 기관들이 보유한 비트코인은 720억 달러에 달한다(자료: CoinMarketCap).

비트코인 ETF는 비트코인 가격 추종 상장지수펀드로, 증시에서 주식을 사고팔 듯이 간편 거래가 가능하다. 세금·회계도 명확하며, 기존 금융시장의 투자자 보호도 받는다는 장점이 있다. 이런 장점 덕분에 기관·개인투자자 자금 유입이 촉진될 것이며, 코인 시장의 수요 증가로 이어질 수 있다.

더 나아가 대형 회사들이 코인을 위한 커스터디(수탁), 파생상품, 대출 상품 등을 본격적으로 내놓으며, 전 세계 금융시장에 파급되는 중이다. 이는 미국 시장에 국한되지 않고 유럽, 아시아, 중동 등 주요 금융 허브로 확산중이다. 하지만 안타깝게도 한국은 규제 한계로 이 흐름에서 소외되는 모습이다.

비트코인은 디지털 금(金)?

세계 시장에서 비트코인은 '디지털 골드'로도 불린다. 초기의 불법 거래 이미지에서 벗어나 헤지펀드, 연기금 등 전통 금융권이 포트폴리오에 포함되며 '가치저장 수단'이라는 인식이 늘고 있다. 간혹 특정 경제 영역이 불확실해질 때마다 비트코인이 안정적인 모습을 보이는 역설적 상황이 펼쳐지기도 한다.

물론 모든 사람들이 비트코인을 안전자산으로 여기는 것은 아니다. 반대론자들은 "코인의 변동성과 위험성이 금보다 훨씬 크다"고 지적한다. 비트코인 채굴의 에너지 대량소비와 그에 따른 환경오염도 논란의 중심이다. 그럼에도 분명 비트코인은 기존 금융질서 밖에서 대안적 지위로서 그 영향력이 커지고 있다.

비트코인 가격은 2024년 11월 말 기준 약 10만 달러, 시가총액은 약 2조 달러다. 전 세계 금의 시가총액은 약 17조 달러로 추산되는데, 비트코인이 8배는 올라야 같아지는 수준이다. 일각에서는 "비트코인은 금보다 운송과 전송이 용이하다는 등의 장점들이 있기에 오히려 더 커져야 한다"는 주장도 있지만 이는 어디까지나 주장이라는 점을 상기하기 바란다.

글로벌 기업의 코인 수용 확대

스타벅스, 테슬라 같은 글로벌 기업들이 코인의 결제, NFT 발행, 블록체인 서비스를 도입할수록 코인은 일상과 가까워질 것이다. 스포츠 팀의 팬토큰, 엔터테인먼트 업계의 NFT 굿즈, 글로벌 쇼핑몰의 코인 결제 등 사례는 이미 늘고 있다.

코인의 실생활 사용의 주요 진입장벽 요인은 복잡한 지갑 및 키 관리다. 이를 해결하는 사용자 친화적인 인터페이스(UI) 개발이 중요한 과제로 꼽힌다.

트럼프 재선에 따른 미국의 태도 변화, 국가들의 비트코인 비축, 글로벌 ETF 확대, 디지털 골드로서의 비트코인 위상 강화, 기업들의 적극적 수용 등 모든 징후는 코인이 단순한 투기자산 단계를 벗어나 글로벌 금융질서의 한 축으로 자리 잡고 있음을 보여준다. 앞으로 코인 투자를 어떤 전략으로 접근할지는 투자자의 몫이다. 결국 코인은 이제 글로벌 현상이며, 주류 금융에 깊숙이 편입되는 과정 한가운데에 있다.

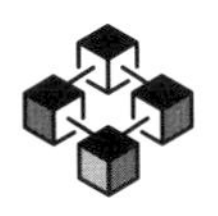

트렌드(방향성): AI, RWA, DeFi

코인 시장이 주류 투자자산으로 자리 잡아가는 상황에서 투자자들에게 중요한 것은 '다음 유망주'를 찾는 안목일 것이다. 인터넷 붐 시절 야후나 구글 주식을 발굴하듯이 투자자들은 '다음 비트코인' '다음 이더리움'을 기대하며 시장을 주시하곤 한다. 이 가운데 AI(인공지능) 활용 코인, RWA(Real-World Asset) 토큰화, DeFi(탈중앙화 금융) 등이 트렌드로 부상하고 있다. 코인 시장의 이러한 트렌드들은 모두 디지털 자산 생태계의 진화 방향을 보여주는 단면이다.

AI와의 융합은 코인에 지능을 불어넣고, 실물 자산의 토큰화는 기존 금융자산의 경계를 허무는 실험이며, DeFi의 발전은 탈중앙화 금융의 가능성을 현실로 검증하고 있다. 이러한 흐름은 코인 생태계의 지평을 크게 넓

히는 한편, 투자자들에게 신중한 접근을 요구한다. 유행에 편승하기보다는 지속 가능한 가치를 창출할 수 있는 프로젝트를 골라내는 안목이 중요한 시점이다.

AI와 코인의 융합

AI 토큰

최근 코인 시장은 AI와 블록체인의 만남에 주목하고 있다. AI 토큰은 데이터셋 접근권, 모델 사용료 지불, 거버넌스 투표, 서비스 이용 보상 등 다양한 역할을 수행한다. 투자자 입장에서 'AI'라는 단어는 귀가 솔깃할 테지만, 실질적으로 가치 있는 프로젝트를 골라내기는 쉽지 않다. 2024년 11월 기준으로 AI 토큰의 시장가치가 390억 달러를 넘었다 해도, 이 모든 프로젝트가 성공할 수 있을까?

AI 에이전트들 간 상호작용에서 블록체인은 신뢰를 제공한다. '로봇들끼리도 사기 안 치게 하겠다'는 이야기다. 암호기술이 바탕인 블록체인은 신뢰를 제공하고, 스마트 컨트랙트는 조건 충족 시 자동 실행을 가능케 한다. 또한 AI들 간 경제적 거래 매개체로 코인이 활용될 수 있어, 탈중앙 데이터 마켓, 머신러닝 모델 공유, 분산형 컴퓨팅 파워 거래 등 새로운 경제 생태계가 형성된다.

크립토랭크(CryptoRank)에 따르면, 2024년 1분기에 AI 관련 코인

AI 토큰 활용 사례

- 데이터셋 접근권 구매
- 머신러닝 모델 사용료 지불
- 플랫폼 내 거버넌스 투표 참여
- 서비스 이용 보상 지급

들은 평균 257%의 폭등을 기록하며 시장의 이목을 끌었는데, 비트텐서나 렌더 같은 일부 프로젝트가 그 상승을 주도했다. 하지만 급격한 가격 상승에는 투기적 과열이 섞여 있을 수 있기 때문에 투자자들의 주의가 필요하다. AI 붐이 계속되더라도 모든 AI 코인이 살아남을 수는 없으며, 실체가 있는 기술과 사용처를 갖춘 프로젝트만

AI 토큰 프로젝트 사례

- **월드코인**($WLD): OpenAI의 샘 알트만이 설립했고, AI 관련 호재에 민감하게 반응하는 테마주 역할
- **비트텐서**($TAO): 기계 학습 모델들이 협력적으로 훈련되며, 집단에 제공하는 정보의 가치에 따라 보상
- **렌더**($RNDR): AI 학습에 필요한 클라우드 공간·컴퓨팅 파워를 분산해 제공
- **골렘**($GLM): 전 세계 유휴 컴퓨팅 자원을 모아 슈퍼컴퓨터처럼 활용할 수 있는 플랫폼

이 장기적으로 가치를 인정받을 것이다.

분산형 컴퓨팅 자원 거래 플랫폼도 등장한다. 남는 컴퓨팅 파워나 스토리지를 스마트 컨트랙트 기반 마켓플레이스에서 거래할 수 있으며, 코인은 이 마켓에서 결제 수단으로 활용된다. 이는 탈중앙 클라우드 인프라, 분산형 CDN 등 새로운 인터넷 경제를 가능케 한다.

RWA 토큰화
실물 자산의 디지털화

RWA(Real-World Assets) 토큰화는 부동산, 예술품, 채권, 지식재산권(IP) 등 실물 자산을 블록체인상 디지털 토큰으로 표현하는 것을 의미한다. 이를 통해 자산을 분할 소유하거나 추적 가능하게 만들고, 유동성을 높이며 거래 비용과 시간을 단축할 수 있다.

RWA 토큰화 장점

- Fractional Ownership(분할소유)으로 소액투자 가능
- 거래 시간 단축, 24/7 거래
- 가격 투명성 강화, 사기·조작 위험 감소
- 스마트컨트랙트를 통한 자동화된 권리 행사(배당, 이자 지급 등)

RWA 토큰프로젝트 사례

- **블랙록(BlackRock)의 BUIDL**: 2024년 출시된 토큰화 자산 펀드로, 이더리움 기반으로 시작해 현재 5억 4,400만 달러 규모로 성장. 최근 앱토스, 아비트럼, 아발란체, 옵티미즘, 폴리곤 블록체인으로 확장.
- **안젤로(Angelo)와 마에세나스(Maecenas)**: 미술품 거래 플랫폼으로, 수집가들이 고가의 예술품을 부분적으로 구매 가능
- **Ark7**: 부동산 분할소유를 가능하게 하는 기업으로 임대 수익 창출 가능
- **Maker DAO, Paxos, Frax Finance**: 성공적으로 운영되고 있는 다른 프로젝트들

금융기관들도 이를 주목한다. 블랙록(BlackRock)은 2024년 'BUIDL' 토큰화 자산 펀드를 출시했고 첫 주에만 2억 4천만 달러가 유입되었다. 시티그룹(Citigroup)도 금융자산 토큰화를 시도하며 24시간 거래와 처리시간 단축 효과를 기대한다. 시장 조사에 따르면 RWA 토큰화는 2023년 28억 달러 규모에서 2030년 98억 달러까지 성장 가능하며, BCG(보스턴컨설팅그룹)는 최대 16조 달러 규모까지 전망한다.

이러한 토큰화는 금융생태계 전반을 혁신할 잠재력이 있다. 법적·규제적 정비가 따라온다면 실물 자산의 디지털 소유·거래가 업계 표준이 될 수 있다.

DeFi
알고리즘으로 자동화된 금융

DeFi는 스마트컨트랙트를 통해 중개자 없이 금융 서비스를 구현한다. 예금, 대출, 파생상품 거래 등 전통 금융행위를 탈중앙화 플랫폼에서 수행하는 것이다. DeFi 생태계 규모를 가늠하는 TVL이 2024년 12월에 1,300억 달러를 넘었다. 이는 연초 대비 150% 증가한 것이다.

DeFi의 강점은 'Trustless' 환경이다. 사용자들은 거래소나 은행처럼 중앙화된 중개자를 신뢰할 필요가 없다. 개인 지갑(MetaMask 등)을 연결해 직접 서비스에 참여하면 된다. 이러한 탈중앙화(Decentralization)는 수수료 절감, 24시간 거래 가능 등 다양한 이점을 제공한다(자료: Defillama).

더 나아가 현물뿐 아니라 파생상품(선물/옵션) 역시 탈중앙화 거래소(DEX)에서 다룰 수 있다. 기존 금융시장에 없는 새로운 형태의 거래도 가능하다.

Cross Chain 호환성도 중요하다. 이는 서로 다른 메인넷 간 자산과 데이터를 자유롭게 이동시키는 기술이다. 예를 들면 이더리움 기반 토큰을 솔라나 네트워크에서 활용할 수 있다면 유동성과 효율성이 크게 향상되는 경우가 있다. 이런 상호운용성(Interoperability)이 강화될수록 다양한 프로젝트 간 협업과 시너지가 커질 것이다.

TVL(Total Value Locked)

- DeFi 프로토콜에 예치된(Locked) 총 자산 규모
- 시장 신뢰와 활동성을 파악하는 핵심 지표
- 상승세는 DeFi 생태계 활성화를 의미

Defi 프로젝트 사례

- **Uniswap**($UNI): 이더리움 기반 DEX(탈중앙화 거래소)로, 자동화된 마켓 메이킹(AMM)을 통해 토큰 교환
- **Curve Finance**($CRV): 스테이블코인 교환 특화 DEX, 낮은 슬리피지와 높은 유동성 제공
- **dYdX**($DYDX): 파생상품 거래·대출 서비스를 통합한 DEX. 레버리지 거래 및 마진 거래 제공
- **Compound**($COMP): 대출·차입 플랫폼으로 다양한 암호자산 담보 활용. 블록체인 기반 신용평가 시스템을 구축했음
- **Yearn Finance**($YFI): 수익률 최적화 기능으로 투자자에게 높은 이자 제공
- **Polkadot**($DOT): 크로스체인 솔루션, 네트워크 간 상호운용성 강화
- **Aave**($AAVE): 대출 및 차입 서비스를 제공하며 다양한 코인을 담보로 가능
- **JP Morgan의 Kinexys**: 다양한 금융상품 거래 및 자산 토큰화에 활용

미래를 향한 투자

코인 시장은 디지털 토큰 단계를 넘어 데이터·기술·금융이 융합된 생태계로 진화하고 있다. AI 결합을 통한 지능형 네트워크, RWA 토큰화를 통한 실물자산 디지털화, DeFi를 통한 탈중앙 금융 실험 등 다양한 혁신이 일어나고 있다.

앞의 칼럼에서 언급한 글로벌 이슈나 현황과 함께 이 칼럼에서 언급한 트렌드를 주시하며, 어느 프로젝트가 '다음 유망주'로 떠오를지, 어떤 방향성이 지속 가능한 가치 창출로 이어질지 판단하는 것은 이제 투자자의 몫이 되었다.

규제:
투명한 룰, 안정적 투자 환경

금융산업은 규제 산업이다. 금융이 단순한 돈벌이 수단이 아니라 경제·사회의 방향을 결정짓는 힘을 갖기 때문이다. 그래서 규제가 없다면? 법적 보호 없이 방치된다면 개인 투자자는 사기성 프로젝트나 부당거래에 쉽게 희생될 수 있다. 역사 속 금융산업은 수많은 시행착오를 거쳐 각종 규제를 만들고 다듬어왔다. 그러나 2008년 비트코인의 출시는 완전히 다른 판을 깔았다. 기존 금융시장의 울타리 밖에서 등장한 코인 자산은 초창기 어느 국가도 명확한 법적 지위나 규제가 없었다. 합법도 불법도 아닌 '무법지대'였던 셈이다. 결국 각국 정부는 수년간 고민한 끝에 저마다의 규제 방향을 정하게 되었다. 그래서 이제, 규제가 코인 투자에 어떤 의미를 가지는지에 대한 이야기를 통해 국내외 코인 규제의 현황과 미래를 살펴보자.

한국의 규제

코인계의 갈라파고스 섬?

한국은 코인 시장에서도 역시 독특하다. 세계적으로 코인 시장이 성장하고 규제 틀이 만들어지는 동안 한국은 오랜 기간 규제 공백 상태였다. 그 사이 다수의 투자자는 '러그 풀(Rug Pull)' 같은 사기 프로젝트와 '가두리 펌핑' 등 거래소 조작에 노출되었고, 법적 보호장치 없이 자금이 오갔다. 그러나 코인 열풍 속에서 '투자자 보호' 요구가 거세지자 정부는 서둘러 움직여 제도 정비에 나섰다.

- 2017년 범정부 가상자산 TF 출범,
- 2020년 특금법 개정,
- 2023년 가상자산이용자보호법 제정.

이 과정에서 국내 ICO 금지, 금융회사의 가상자산 투자·거래 제한, 실명계좌 의무화, 외국인 거래 금지, 해외 거래소 국내영업 차단, 가상자산사업자(VASP) 신고, 트래블 룰(Travel Rule) 적용 등 강도 높은 제재가 도입되었다.

이러한 규제 덕분에 혼탁했던 시장에 최소한의 질서가 생겼지만, 거래소·개발사·투자자 모두 규제 불확실성에 흔들렸고 소규모 업체들은 문을 닫거나 해외로 떠났다. 한국형 STO(증권형 토큰 발행) 제도

트래블 룰(Travel Rule): 귀찮지만 어쩔 수 없는 필수템

가장 대표적인 규제 중 하나가 트래블 룰이다. 자금세탁 방지를 위해 송·수신자의 정보를 확인하는 의무규정인데, 업비트 같은 거래소에서는 100만 원 이상 입출금 시 반드시 적용된다. 잘못 전송할 경우 거래가 막히는 상황도 발생한다. 솔직히 투자자 입장에선 매우 귀찮은 규정이지만, 냉정하게 말하면 매우 필요한 규제다.

도 논의되고 있지만, 한국 내 제도가 폐쇄적으로 운용되다 보니 많은 팀이 해외 진출을 선택한다.

또한 국내 자본시장법상 코인은 금융회사가 투자 가능한 자산으로 인정되지 않는다. 따라서 해외에서 활발히 출시된 비트코인 ETF 같은 금융상품을 국내에서는 발행하거나 중개하기 어렵다. 선물·옵션 등 파생상품 거래 역시 국내 코인 거래소에서는 불가능해 투자자들은 해외 거래소로 자금을 옮긴다. 이미 국내 코인 시장 1일 거래대금이 주식 거래대금을 넘는 상황까지 나타났으나, 제도적 한계로 인해 제대로 된 금융 상품·서비스를 선보이지는 못하고 있다.

가상자산 과세는 원래 2022년부터 예정되었으나 2027년까지 유예되었다. 현재 가상자산 소득은 금융소득이 아닌 기타소득으로 분류되며, 이 역시 향후 제도 변화의 변수로 남아 있다.

해외 규제 사례

더 나은 대안?

그렇다면 해외는 어떨까? 해외는 한국처럼 폐쇄적인 규제만 있는 건 아니다.

미국은 혁신을 장려하는 국가로 알려졌지만 코인 시장에는 한때 제약적이었다. 그럼에도 SEC(증권거래위원회)를 통해 ICO를 사실상 증권 발행으로 간주하는 등 비교적 빠른 가이드라인 설정을 시도하며 불확실성을 줄였다.

중국은 극단적이다. 한때 세계 최대 채굴 국가이자 코인 산업을 이끌었으나 ICO 금지, 거래소 폐쇄 같은 강력한 조치로 채굴자와 사업자들이 대거 해외로 이탈했다. 세계 최대 코인 거래소인 바이낸스(Binance)도 중국에서 설립되었으나 해외로 이전했다. 중국 정부는 디지털 위안화(CBDC)를 통해 디지털 화폐 도입을 모색하고 있다.

홍콩은 중국 본토의 정책 기조와 미묘하게 줄타기하며 글로벌 거래소 유치, 규제 샌드박스 도입 등을 통해 혁신적 실험을 장려한다. 싱가포르는 글로벌 금융허브답게 다양한 법적 인프라를 갖추고 코인 산업을 수용한다.

일본은 2014년 마운트곡스 해킹 사건 이후 코인 거래소 등록제를 도입해 투자자 보호를 강화했다. 또한 결제수단으로 코인을 인정하는 등 제도적 틀을 다졌다.

유럽연합(EU)은 2023년 6월 가상 자산 시장 규제안(Markets in Crypto-Assets, MiCA)을 도입해 유럽 내 코인 프로젝트들의 법적 불확실성을 크게 줄였다. 스위스는 제도권의 코인 거래를 세계 최초로 승인했으며, 관련 산업을 육성하고 있다.

중동의 두바이와 아부다비는 명확한 규제 프레임워크와 금융특구를 운영해 글로벌 허브로 부상하고 있으며, 글로벌 기업 유치를 위해 서로 경쟁하고 있다.

정리하자면 세계 여러 나라들은 가상자산에 관해 '규제와 혁신 사이에서 줄타기'를 하는 중이라고 볼 수 있다. 그런 과정에서 대부분의 나라들이 글로벌 스탠더드를 향해 움직이고 있다는 점은 주목할 만하다.

미래 규제 방향

다리가 되기 위한 여정

규제는 종종 투자자들에게 귀찮은 장애물처럼 보일 수 있지만 중장기적으로는 시장의 안정과 신뢰를 구축해 자산 가치를 높일 수 있다. 규제가 중요한 이유는 투자자가 규제 변화를 주시하며 정식 허가된 거래소나 신뢰성 높은 프로젝트에 투자해 리스크를 줄일 수 있기 때문이다.

앞으로 규제는 단순한 금지나 완화가 아닌 국제 공조를 통한 글로벌 스탠더드 수립으로 이어질 가능성이 크다. 국제 회계기준 등의 규범처럼 코인 분야에서도 금융시스템 안정성, 금융기관 건전성, 투자자 보호 측면에서 공통된 기준을 국제금융감독기구들이 제시하고 있기 때문이다. 한국에서는 2024년 11월 출범한 금융위 가상자산위원회가 혁신과 안정이라는 두 마리 토끼를 취하며 어떻게 균형을 이룰지 주목된다.

규제는 어쩌면 당신이 원하는 '자유'를 방해하는 요소처럼 느껴질 수도 있다. '왜 내 돈을 내가 원하는 대로 못 굴리게 하는 거지?' 하는 생각이 들기 때문이다.

하지만 규제 없이 방치된 시장이 어떤 결과를 초래할지 우리는 이미 충분히 봐왔다. 코인 투자는 어쩌면 더 많은 자유를 추구하기 위해 선택하는 것일지 모른다. 그러나 그 자유는 질서 있는 룰 아래에서만 지속 가능하다는 점을 투자자들은 기억하기 바란다. 규제를 무조건 적으로 보지 말고, 그것을 투자 환경을 안정시키는 장치로 활용할 필요가 있다는 의미다.

결국 이 시장은 규제를 통해서만 성장할 수 있다. 귀찮다고? 그래도, 규제 없는 시장에서 사기를 당하는 것보다는 훨씬 나을 것이다.

- 코인과 블록체인 산업
- 코인의 역사 1: 글로벌편
- 코인의 역사 2: 국내편

CHAPTER 3

코인의 맥락과 역사

과거를 알아야 미래가 보인다

코인 시장은 비트코인을 중심으로 알트코인이 함께 구성하는 독특한 생태계다. 비트코인은 디지털 금으로서 희소성과 안정성을 갖추었고, 이더리움과 리플 같은 알트코인은 차별화된 기술적 기능으로 가치를 제공한다. 투자자들은 시장의 지표인 시가총액, 도미넌스 비율 등을 통해 흐름을 읽고 전략을 세울 수 있다. 단기 변동성에 휩쓸리지 않고 각 코인의 본질과 역할을 이해하며, 안정성과 성장성의 균형을 잡는 것이 중요하다. 이 장에서는 시장의 구조와 코인의 투자 가치를 중심으로, 투자자들이 올바른 결정을 내릴 수 있도록 통찰을 제공한다.

코인이 전통 경제학에서 정의하는 화폐의 기능을 충족할 수 있을까? 아직 갈 길이 멀지만, 거래소를 통한 원화·달러 교환 및 분산투자 포트폴리오 종목으로써의 고려 등에서 코인은 거래 수단이자 투자 자산으로써 매력을 높여가고 있다. 또한 코인의 거래 장부 역할을 하는 블록체인 기술의 시장 규모가 확대됨에 따라, 실물 경제에서 코인의 활용 가능성이 더욱 커질 것으로 전망된다. 거래의 투명성과 안정성이 뒷받침된다면, 국내외 기업들도 자금 조달 수단으로 코인을 활용할 가능성이 높아질 것이다.

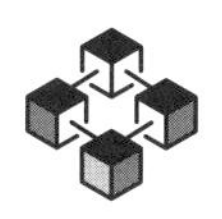

코인과
블록체인 산업

21세기는 '디지털 혁명'의 시대다. 인터넷이 우리의 생활 방식과 경제 구조를 송두리째 바꿨듯, 가상자산(코인)과 블록체인은 기존 금융 시스템과 산업 지형을 흔들고 있다. 그러나 아직도 많은 사람들이 "비트코인이 뭐야? 블록체인은 또 뭐야?"라며 혼란스러워한다. 심지어 일부는 두 개념을 같은 것으로 착각하기도 한다.

이 책에서는 '코인'과 '블록체인'을 단순하고 명확하게 정리하려 한다. 비트코인은 가상자산이고, 블록체인은 그 가상자산이 거래되는 '기록 시스템'이다. 하지만 블록체인은 금융 거래 외에도 공급망, 의료 데이터, 선거 시스템 등 다양한 산업에서 활용될 수 있는 기술적 기반이다. 즉, 코인이 블록체인의 한 응용 사례일 뿐이라는 점을 이해하는 것이 중요하다.

비트코인의 등장은 2008년 금융위기와 맞물려 있다. 기존 금융 시스템에 대한 불신이 커지는 가운데, 사토시 나카모토는 "중앙기관 없이 개인 간 직접 거래가 가능한 디지털 화폐"라는 개념을 세상에 내놓았다. 이후 비트코인은 단순한 '전자 화폐'를 넘어 '디지털 금'으로 자리 잡았고, 글로벌 투자 시장에서 중요한 자산군으로 인정받게 되었다.

이 책은 단순히 코인과 블록체인을 소개하는 것을 넘어, 투자자들이 반드시 알아야 할 기술적 원리와 역사, 투자 시 고려해야 할 리스크까지 짚어볼 것이다. 코인이 단순한 '유행'이 아니라 금융과 경제의 판도를 바꾸는 변곡점이 될 수 있는 이유를 함께 탐구해보자.

비트코인은 무엇인가?

비트코인은 투자자들이 쉽게 접근할 수 있는 '최초'의 가상자산이었다. '라이트코인·이더리움·솔라나·폴리곤' 등 온갖 알트코인이 있지만, '대장주'는 여전히 비트코인이다.

'비트코인'이라는 개념이 대중에 알려진 것은 2008년으로 거슬러 올라간다. 비트코인의 창시자로 알려진 사토시 나카모토가 그해 10월 이른바 '비트코인 백서'라고 불리는 「Bitcoin: A Peer-to-Peer Electronic Cash System」이라는 9쪽짜리 논문에서 이를 공개했다. 이 논문은 비트코인을 "중앙기관에 의존하지 않고, 개인 간 안전한 전자 거래가 가능한 시스템"으로 소개하고 있다. 사토시 나카모토가 비트코인을 '시스템'이라고 표현하는 이유를 살펴보자.

비트코인은 정부, 중앙은행이나 금융기관의 개입 없이 개인 간(P2P) 신속한 거래(교환)가 가능하다. 네트워크에 의해 검증되며 블록체인(Blockchain)이라고 불리는 분산 장부에 그 과정이 모두 기록된다.

뒤에서 자세히 설명하겠지만, 블록체인은 장부에 기록된 데이터의 위변조가 불가능하며, 데이터 생성 및 변경 내역이 기록되어 데이터 이력 추적도 가능하다. 이런 점에서 안전성과 투명성이 높다고 할 수 있다.

비트코인의 또 한 가지 특징은 중앙은행이 필요시 더 발행하는 전통 화폐와 달리 최대 발행량이 제한되어 있다는 것이다. 비트코인은 채굴 과정을 통해 생성되는데, 전 세계 수많은 비트코인 채굴자가 고난도 컴퓨터 기술을 활용해 복잡한 수학 알고리즘을 해결하는 식으로 비트코인을 채굴한다. 채굴(mining)은 블록체인에 거래 기록을 추가하는 과정을 말하는데, 이는 모든 비트코인 거래의 정확성을 확인하기 위한 목적이다. 채굴자는 채굴의 보상으로 일정한 비트코인을 받을 수 있다.

문제는 이 '희소성'이 영원히 유지될 수 있을까 하는 점이다. 30·40대 투자자로서 단순히 '희소하니 오르겠지'라는 생각만으로 접근했다간 낭패를 볼 수 있다. 가상자산 세계에선 새로운 기술·코인·규제 변화가 워낙 빨라 예측이 쉽지 않다. 결국 투자에 뛰어들기 전, '나중에 갑자기 각국 정부가 강력 규제하면 어쩌지?' 같은 현실적인 시나리오도 염두에 둬야 한다.

비트코인의 기능은 화폐? 자산? 투자자산!

비트코인이 세상에 소개된 지 10여 년이 지났지만, 이 가상자산이 과연 '화폐'인지, 혹은 '단순 자산'인지에 대한 논쟁은 여전히 식지 않고 있다.

전통 경제학에서는 화폐의 기능을 '△가치 저장의 수단 △교환의 매개 수단 △가치 척도의 단위'라고 정의한다. 일부 전문가는 비트코인이 이 3가지 기능을 어느 정도 충족한다고 주장하는 반면, 또 다른 측에서는 비트코인이 현재의 법정 화폐 체계를 완전히 대체하기엔 아직 역부족이라고 평가한다. 이유는 무엇일까?

가치 저장의 수단

먼저 비트코인이 '가치 저장의 수단'이 될 수 있는지를 살펴보자. 2019년 이후 전 세계가 코로나19 팬데믹을 겪으면서, 미국을 비롯한 주요 선진국 중앙은행은 저금리를 유지하는 한편, 시장에 대규모 유동성을 쏟아부었다. 그 결과 투자자들의 '위험자산' 선호가 커졌고, 달러 가치가 상대적으로 떨어지면서 대체 투자처로 비트코인이 부상했다.

실제로 2009년 비트코인 초기, 1BTC(비트코인 1개)의 가격은 0.00076달러로, 사실상 무(無)에 가까웠다. 하지만 2024년 12월 기준 비트코인은 이미 1BTC당 10만 달러를 훌쩍 넘어서, 한화로는 1억 5천만 원 선까지 뛰었다. 이는 시장에서 비트코인을 '(금전적) 가치'를 품은 자산으로 본다는 의미이자, 수많은 투자자들이 그 희소성과 상승 가능성에 베팅했다는 증거이기도 하다.

물론 앞으로도 이 가치가 계속 유지될지는 논란의 여지가 있다. 그러나 적어도 지난 10여 년간의 움직임만 놓고 보면, 비트코인은 일단 투자자들로부터 '가치 저장 수단'으로서 어느 정도 인정받고 있다고 볼 수 있다.

교환의 매개 수단

화폐가 되려면 실생활에서 교환(거래) 수단으로 쓰여야 한다. 이 부분에서 비트코인은 어떨까? 가상자산 거래소에서는 원화나 달러로 쉽게 바꿀 수 있으니, '거래소 차원'의 교환은 가능하다. 문제는 일상적인 물품 거래다. 비트코인으로 커피 한 잔, 빵 한 개를 사고파는 장면이 흔한가? 현실적으로는 매우 드물다.

물론 2013년 국내 한 파리바게뜨 매장에서 현금 대신 비트코인 결제를 시도한 사례가 있었다. 매장 유리벽에 '비트코인 사용처'라고 붙여놓고, 태블릿 PC를 통해 결제를 시도한 것이다. 한때는 언론에서 이 매장을 크게 다루기도 했지만, 지금은 비트코인으로 결제하는 곳이 많다고 하긴 어렵다.

일부 매장은 여전히 비트코인을 거래(교환) 수단으로 쓰고 있다. 2024년 10월 기준 한국경제신문이 비트코인 결제처를 알려주는 'BTC맵'을 인용 및 검색한 결과에 따르면, 서울에서 대중교통으로 이동이 가능한 비트코인 결제 매장이 16곳이 있는 것으로 나타났다. 우리나라 일부 상점에서는 비트코인을 '교환 수단'으로 인정하고 있다는 얘기다.

그러나 비트코인이 교환 수단으로 활용되는 것은 극히 일부다. 그런 점에서 광범위한 교환 및 결제 수단이라고 할 수는 없다. 우리나라에서 비트코인을 공식 화폐로 인정하는 것은 당장은 무리인 것으로 보인다.

통화 가치가 불안정한 일부 개발도상국만 이 비트코인을 법정화폐로 인정할 뿐이다. 세계 최초로 비트코인을 법정화폐로 도입한 국가는 엘살바도르와 중앙아프리카공화국이다. 비트코인의 합법화를 고민하는 국가 역시 쿠바, 파나마, 파라과이 등 선진국과는 다소 거리가 멀다. 반면 우크라이나가 가상자산을 합법화시키는 경우는 러시아의 침공으로 조달이 어려운 국방 예산을 각국의 기부금으로 용이하게 받기 위한 목적이 크다.

비트코인을 합법화한 대표적인 선진국은 미국이다. 미국 증권거래위원회(SEC)가 2024년 1월, 비트코인 현물 상장지수펀드(ETF)의 상장 및 거래를 승인한 바 있으며, 제47대 미국 대통령 선거에서 당선된 도널드 트럼프 미국 대통령은 "재집권하면 비트코인 결제를

> **우크라이나는 왜 가상자산을 통해 군자금을 확보했을까?**
>
> 우크라이나는 러시아의 침공 2일차에 가상자산을 통한 기부금 모집 계획을 밝혔다. 이는 군자금을 조달하기 위한 목적이었다. 방탄조끼, 식량 배급, 헬멧, 의료용품 구매 등 주로 비전투 장비 구매에 쓰였다고 한다. 전쟁 시작 후 우크라이나는 1억 달러 이상의 기부금을 가상자산으로 모금했으며, 비트코인뿐만 아니라 이더리움(Ethereum), 달러처럼 전통 화폐에 고정 가치로 발행되는 스테이블코인(Stablecoin) 종류인 테더(Tether)까지 받았다. 우크라이나가 비트코인 등 가상자산으로 군자금을 모금한 가장 큰 이유는 '간편한 송금 절차'가 꼽힌다. 은행 등 금융기관을 끼면 며칠이 걸릴 수 있지만, 비트코인은 몇 분 만에 돈을 받을 수 있기 때문이다. (전자지갑 생성 이후) 블록 생성 및 전송과 검증, 그리고 블록체인 연결(송금 완료)까지 걸리는 시간이 이 정도다. 뒤에서 자세히 설명하겠지만, 블록체인의 편의성과 이를 통한 비트코인 송금은 현대 전쟁의 핵심인 '자금 확보'에 매우 유용하다고 평가할 수 있다.

허용하겠다(당선 전)"고 밝힌 데 이어, 당선 이후엔 비트코인을 국가 전략 자산으로 비축하겠다는 발언을 하면서 전 세계적인 주목을 받았다. 트럼프 전 대통령의 의도처럼 미국뿐 아니라 전 세계적으로 비트코인을 결제 수단으로 수용하려고 들지 여부는 앞으로 지켜볼 일이다.

가치 척도의 단위

마지막으로 '가치 척도의 단위' 측면에서 비트코인이 화폐 기능을 할 수 있을지 여부를 살펴보자. 비트코인을 가치 측정 단위로 삼기 어려운 이유는 전통 화폐에 비해 심한 변동성 때문이다. 미국 SEC의 비트코인 ETF 승인과 같은 '호재'에도 영향을 받지만, 전쟁과 소셜 미디어상 루머 등으로 인해 전통 자산에 비해 더 큰 변동성을 보이기도 한다. 금이나 주식보다는 '위험자산'으로 분류되기 때문이다.

게다가 각국 중앙은행이 보증하는 전통 화폐와 달리 비트코인 같은 가상자산은 보증하는 기관이 없다. 민간에서 발행하고 유통될 뿐, 그 가치를 안정화시킬 수 있는 주체가 없다는 것이다.

위의 논의를 정리하면 다음의 표와 같다.

정리하자면, 비트코인이 화폐의 3가지 기능을 완벽하게 수행하느냐고 묻는다면 아직 '부분적' 혹은 '진행중' 정도가 맞다. 하지만 가격이 가파르게 상승하며 수많은 투자자를 끌어모았고, '보유하고 있기만 해도 가치가 오른다'고 믿는 투자자가 있는 한, 비트코인은 강력한 투자자산으로 대접받을 것이다.

그리고 가상자산 거래소를 통한 자유로운 원화·달러 교환 덕분에,

경제학 접근에 기반한 비트코인의 화폐 기능 인정 여부

구분	내용
가치 저장의 수단	투자자의 수요 증가로 가치 저장 가능
교환의 매개 수단	가상자산거래소에서 원화/달러와 교환 가능. 단, 물품 거래는 제한적임
가치 척도의 단위	중앙은행 등이 보증하지 않으며, 위험자산으로 변동성이 높아 어려움

실물 화폐로 직접 결제는 어렵더라도 언제든 현금화가 가능하다는 것도 투자 매력을 높이는 요인이다.

물론 이렇듯 투자 매력이 크다는 건 반대로 변동성(위험) 역시 높다는 뜻이다. 금이나 채권처럼 상대적으로 '안전자산'이라 불리는 부류와는 거리가 멀다. 그렇기에 잠재적 투자자라면 비트코인을 대규모로 사들이기보다는, 분산투자 포트폴리오의 일부 혹은 대안적 투자 수단으로 접근하는 것이 바람직하다. 가치 저장 수단이자 일종의 '투기성'도 가진 양면성을 충분히 인지하고, 시장 분위기와 정책 변화를 주시하면서 신중히 접근해야 한다.

코인과 블록체인 산업, 어떻게 다를까?

일단 용어부터 정리해야 한다. 비트코인과 같은 블록체인 기술을 기반으로 하는 다양한 물건들은 암호자산, 암호화폐, 가상자산, 가상화폐와 같이 가상, 암호, 자산, 화폐의 조합으로 불린다. 그리고 각자의 목적에 따라 원하는 방식으로 이들을 부르다 보니 혼선이 생긴다. 전문가들도 용어 통일은커녕 자기 입맛대로 이름을 붙이다 보니, 독자는 혼란스럽기만 하다.

이 책에서는 용어를 단순화하기로 했다. 이들의 진정한 이름이 무엇이건 투자의 관점에서 잠재적 투자자들에게 정보를 제공하는 것을 목적으로 하기 때문이다. 비트코인이나 이더리움 등 블록체인 기술 기반으로 만들어진 '이러한 류'의 물건들은 모두 '코인'이라고 부르기로 한다.

비트코인과 블록체인, 이 두 개념을 마치 동일한 것처럼 오해하는 이들도 있다. 포털에서 검색하면 서로 연관 검색어로 등장하기도 한다. 마치 형제처럼 서로 따라다니는 두 개념의 차이는 무엇일까?

쉽게 말해, 비트코인이 '가상자산'이라면, 비트코인의 거래가 기록되는 장부는 '블록체인'이라고 할 수 있다. 또한 가상자산(비트코인)이 금융 거래에 쓰인다면, 블록체인은 금융 외로 공급망, 소셜 미디어, 투표, 의료 등 다양한 산업에 폭넓게 쓰일 수 있다.

뿐만 아니라 다음의 '가상자산과 블록체인 간 layer' 그림에서 보듯 가상자산은 각자 블록체인을 가지고 있다. 이를 기반으로 거래가

가상자산과 블록체인 간 layer

코인(Cryptocurrency):
예) Bitcoin(BTC), Litecoin, Counterparty(XCP)

거래를 기록하는 소프트웨어 프로그램

블록체인(Blockchain):
분산화된 원장(decentralized ledger)

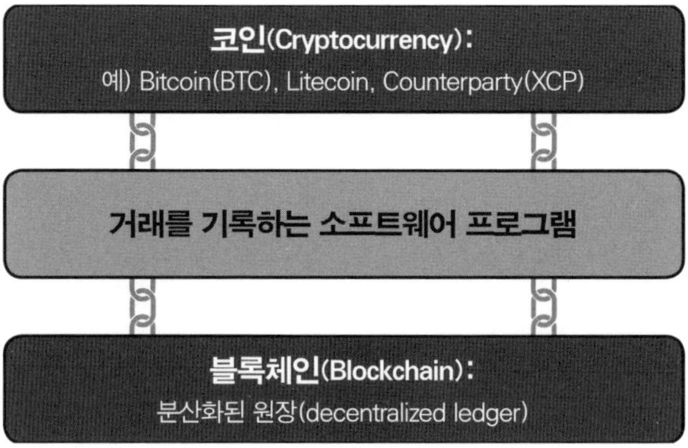

출처: 다음 사이트의 그래픽을 참조하여 일부 재구성함. www.lgcns.com/blog/cns-tech/blockchain/20521/

기록되며, 기존 가상자산의 블록체인도 함께 사용할 수 있다.

아직도 블록체인과 비트코인이 어려운 독자를 위해, 비유를 들어 설명해보기로 한다. 화물열차를 블록체인, 화물칸에 실린 화물은 코인으로 비유해보겠다. 화물열차는 화물이 실린 컨테이너가 앞뒤로 쭉 연결된 상태다. 화물이 늘어날수록 컨테이너가 실린 컨테이너 차는 늘어나지만, 이미 연결된 컨테이너의 순서는 변경할 수 없다. 이처럼 화물칸이 연결된 열차는 블록체인으로, 각 화물칸에 실린 화물은 코인으로 비유할 수 있다. 열차(블록체인)에 화물(코인)을 싣고 내리면 그 내역이 각 화물칸에 기록되는 것이다.

여기에서 중요한 질문을 해볼 수 있다. 코인을 주고받는 데 있어 왜 '열차(블록체인)'가 필요할까? 다시 언급하지만, 디지털 자산인 코인이 거래 가능하기 위해선 그 관리가 투명해야 하고, 기록 가능해야 한다. 누구나 그 기록을 열람할 수 있어야 하는 것이다. 요약하면, 블록체인은 코인의 (거래)기록을 관리하는 운송 일지인 것이다.

앞뒤로 연결된 컨테이너차의 순서를 바꿀 순 없지만, 새로운 화물(거래)이 생기면 그 화물을 싣기 위한 컨테이너 차가 하나 생성되며, 거래 내역도 함께 기록된다. 여기에서 컨테이너를 만드는 광부는 코인을 채굴하는 채굴자에 비유할 수 있다. 각각 화물열차와 화물에 비유한 블록체인과 코인을 그래픽으로 구현하면 다음의 사진과 같다.

화물열차에 비유한 블록체인과 각 컨테이너 안의 코인

출처: GPT 활용

'화물열차(블록체인)'에서 기록되는 코인은 발행량(예정)이 2,100만 BTC로 한정되며, 보증 및 관리 주체가 존재하지 않는 P2P(Peer to Peer) 기반이다. 블록체인의 사슬(chain) 형태로 그 거래 기록을 기록 및 보관하며, 불특정 다수의 노드(컴퓨터) 등에 전파하며 정보를 공유한다.

여기서 노드란 코인 거래자들이 이용하는 각각의 컴퓨터를 뜻하는데, 화물열차의 예시에 비유하면 각각의 열차 역(station)이라고 할 수 있다. 수많은 노드(열차 역)가 각 컨테이너에 실린 화물, 다시 말해 코인의 거래 기록에 동의해야 블록체인 역시 존재할 수 있다.

그런데 누군가 악의적으로 잘못된 정보를 생성할 수 있지 않을까? 블록체인은 이와 같은 무신뢰성을 방지한다. 이를 '비잔틴 장군 문제'라는 예시로 설명해보겠다.

1982년 처음 소개된 '비잔틴 장군 문제'는 비잔틴 장군들이 특정 행동을 취하는 데 있어 합의 시 발생하는 의사소통의 문제를 말한다. 각각의 장군이 군대를 보유하고 있으며, 각 부대는 다른 공간에 위치해 있다. 장군들은 공격을 하든 후퇴를 하든 하나로 합의해야 한다. 그런데 한 명 이상의 장군이 거짓 메시지를 보내 공동의 결정과 상반되는 행동을 내릴 경우 소통에 실패하게 된다.

다시 화물열차(블록체인)의 예시로 돌아와보자. 블록체인은 서로 신뢰할 수 없는 네트워크에서도 모두가 동일한 내용을 열람할 수 있는 체계를 갖춘다. 모든 역(노드)이 합의해야 새로운 컨테이너가 화물열차에 추가될 수 있다.

자신의 행동에 대한 메시지를 보내려는 비잔틴 장군들

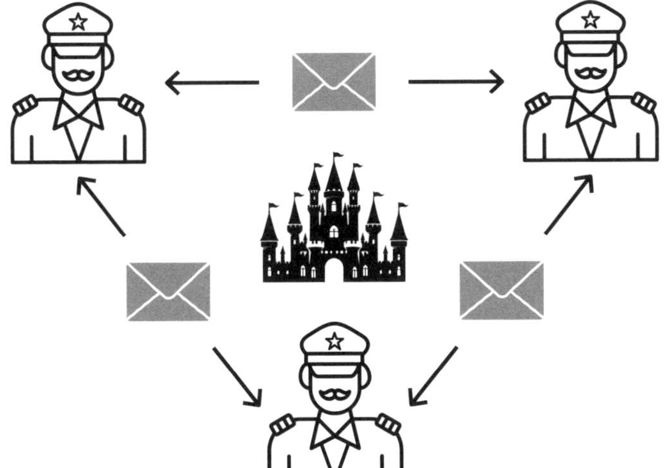

앞서 '컨테이너를 만드는 광부'에 비유한 바 있는 코인 채굴자는 코인을 생성하기 위해 문제를 풀게 되는데, 이 문제를 풀면 코인을 기록할 수 있는 원장이 화물차에 추가되어 다른 거래자도 열람할 수 있다. 즉 특정 역(노드)에서 거짓 기록을 생성하기 위해 단독 행동을 벌이는 것은 블록체인 시스템 안에서는 현실적으로 불가능하다. 다른 거래자가 동의하지 않기 때문이다.

여기서 의문이 생긴다. 화물열차(블록체인)에 실린 화물(코인)의 양은 계속 늘어날까? 답은 '아니오'이다. 채굴자(광부)는 열심히 문제를 풀어 열차 칸(블록)을 만들고, 그 보상으로 코인(화물)을 받는다. 광부가 블록을 한 칸 만들 경우 총 10개의 화물(코인)을 보상으로 받을 수 있다고 가정해보자.

그러나 코인의 전체 발행량, 즉 화물의 수행량은 2,100만 BTC로 한정된다. 채굴자가 문제를 풀어 코인을 생성하면 한정된 보상, 즉 코인의 잔여량은 금방 줄어들 것이다. 결국 채굴에 따른 보상은 줄어들 수밖에 없는 원리다.

이것이 바로 '반감기(Halving)'란 개념의 핵심이다. 광부가 컨테이너를 열심히 만들더라도 컨테이너, 즉 블록의 추가에 따른 보상은 특정 시점에 맞춰 절반씩 줄어든다. 갈수록 보상(코인)이 줄어든다면, 제한된 코인을 얻기 위한 각 역(노드)의 경쟁은 치열해지고, 화물(코인)의 가치는 올라가는 구조인 것이다. 결국 시간이 지남에 따라(열차가 달리더라도) 화물의 가치는 더욱 소중해진다고 할 수 있다. (반감기와 코인 발행량의 관계는 뒤에서 더 자세히 살펴보기로 한다.)

2021~2030년 전 세계 블록체인 시장 규모 (단위: 십억 달러)

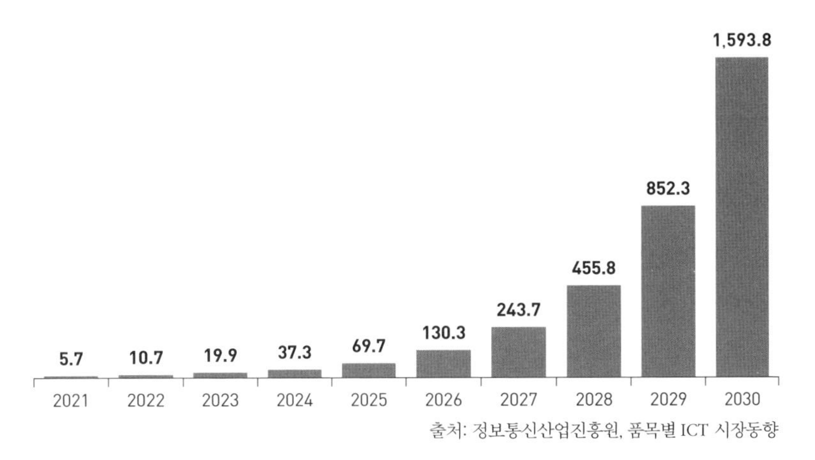

출처: 정보통신산업진흥원, 품목별 ICT 시장동향

마지막으로 다시 한번 화물열차에 빗대어 블록체인 생태계를 요약해보자. 블록체인이라는 화물열차에서 각각의 컨테이너차에 '코인'이라는 이름의 화물이 실린다. 열차 역인 노드(코인 거래자의 컴퓨터)는 각각 '(열차의) 레일'인 네트워크 인프라를 통해 연결되며, 코인(화물)을 실은 화물열차는 기관사와 노드가 동의하는 합의 알고리즘 아래 운영되는 것이다.

여기서 화물은 대장주인 비트코인일 수도 있고, 알트코인일 수도 있다. 결국 동일한 블록체인 생태계에서 각각의 레일(네트워크 인프라) 위에서 움직이는 화물열차들인 셈이다.

이러한 원리의 블록체인은 활용성도 높다. 비트코인과 같이 투자자산뿐 아니라 기업의 공급망 전반에서 상품이 생산, 운송, 유통되는 전 과정을 추적하며 변조 방지에 쓰이거나, 소셜 미디어 플랫폼

기술로 활용된다. 높은 투명성 및 사용자 제어 기능을 제공하기도 한다. 정보통신산업진흥원에 따르면 전 세계 블록체인 산업의 시장 규모는 107억 달러이며, 2030년에는 1조 5,938억 달러에 이를 것으로 추산된다.

블록체인 시장의 성장 규모를 고려하면, 가상자산, 특히 비트코인은 더욱 다양하게 활용될 것으로 예상된다. 기업의 자금 조달이 가장 대표적이다. 중앙 집중 기관에서 탈피해 보다 분산된 형태의 플랫폼 위에서 전 세계 투자자가 자금을 조달한다. 게다가 거래 투명성과 안정성까지 보장된다면 가상자산을 통한 기업의 자금 조달은 시간 문제일 수 있다.

특히 STO(보안 토큰 제공) 및 IEO(초기 교환 제공) 등 다양한 형태의 가상자산 자금 조달이 가능해짐에 따라 안정성 및 보안성과 관련된 규제 문제는 지속적으로 해결되는 추세다.

종합하면, 도널드 트럼프 미국 대통령 당선자를 비롯해 비트코인(의 활용)을 반기는 정치적 움직임이 많아질수록, 비트코인을 교환 및 가치 저장 등 화폐로 인정하는 대중 및 시장 참여자가 많아질수록, 더 나아가 비트코인의 '거래 장부'인 블록체인 시장이 커질수록 비트코인은 더 많은 투자자에게 각광을 받는 투자 자산으로 발돋움할 것이다.

코인의 역사 1:
글로벌편

비트코인은 단순한 디지털 화폐가 아니다. 그것은 신기술이자, 새로운 경제 패러다임이며, 때로는 투자의 기회이기도 하다. 그리고 어떤 이들에게는 인생을 바꾸는 '운명의 한 수'가 되기도 했다. 타일러와 캐머런 윙클보스 형제에게 비트코인은 바로 그런 존재였다.

이들은 원래 '페이스북의 숨은 창립자'로 더 유명했다. 2004년, 마크 저커버그가 자신들의 아이디어를 훔쳐 페이스북을 만들었다고 주장하며 법적 소송을 제기했고, 결국 2008년 6,500만 달러의 합의금을 받았다. 하지만 이 돈은 단순한 보상금이 아니었다. 그것은 비트코인이라는 신세계를 열어주는 '종잣돈'이 되었다.

2013년, 스페인 이비자에서 휴가를 보내던 중 이들은 비트코인을 접하고, 여기에 투자하기로 결심했다. 당시 비트코인의 가격은 10달러도 채 되지 않았지만, 형제는 그 가능성을 믿었다. 그리고 이 결단은 엄청난 부를 가져왔다. 현재 그들이 보유한 비트코인의 가치는 10조 원에 육박하며, 이들은 '비트코인 빌리어네어'라는 새로운 타이틀을 얻었다.

하지만 여기서 중요한 질문이 하나 남는다. 비트코인의 성공이란 무엇인가? 과연 사토시 나카모토가 꿈꾼 탈중앙화된 화폐가 맞는가, 아니면 또 다른 형태의 '중앙화된 자산'이 된 것인가? 이 글을 통해 우리는 비트코인의 본질과 투자자로서 가져야 할 관점을 다시 한번 되짚어볼 것이다.

코인혁명의 시작

당신의 돈은 안전한가?

나는 갤럭시보다 아이폰을 선호한다. 왜냐고? 보안 때문이다. 갤럭시가 기능적으로 더 많은 옵션을 제공하는 건 인정하지만 아무래도 애플은 보안 면에서 더 강한 믿음을 준다. 물론 국산 제품을 애용하려고 다른 건 삼성으로 채우지만, 스마트폰만큼은 예외다.

독자들은 '아니, 갑자기 왜 휴대폰 얘긴가' 하고 묻고 싶을 수 있다. 그런데 코인의 시작을 이해하려면, 이 이야기가 의외로 중요한 연결고리가 된다. 코인의 시작은 바로 '보안과 개인의 프라이버시'에서 출발했기 때문이다.

1980년대, 개인용 컴퓨터가 대중화되기 시작하면서 사람들은 처음으로 '빅브라더'라는 단어를 현실에서 느꼈다. 정부와 기업의 감시, 데이터 추적, 우리 정보가 그들 손안에 있다는 사실을 알게 된 순간, 한 가지 질문이 떠올랐다. '내 정보를 지킬 방법은 없을까?'

그렇게 등장한 것이 바로 '사이퍼펑크(Cypher-punk)' 운동이다. 이 운동은 기술로 개인의 자유를 지키고, 암호화로 프라이버시를 보호하자는 철학이었다. 참고로, 이게 공상과학 영화에 나오는 사이버펑크(Cyber-punk)와는 다르다는 건 확실히 짚고 넘어가자. 혼동하는 사람들이 아주 많다.

코인의 역사를 이야기하면, 코인의 철학적 뿌리인 '사이퍼펑크(Cypher-punk)'를 빼놓을 수 없다. 사이퍼펑크는 단순히 암호학을 연구하는 사람들이나 해커들이 모인 집단이 아니었다. 이들은 기술을 통해 개인의 자유와 프라이버시를 보호하려는 철학적 운동의 중심에 있었다.

1980년대에 개인용 컴퓨터가 대중화되면서 디지털 세상이 열리기 시작했다. 하지만 기술의 발전이 가져온 자유와 편리함 뒤에는 어두운 그림자가 있었다.

정부와 기업은 디지털 기술을 이용해 사람들을 감시하고 데이터를 수집했다. 조지 오웰의 소설 『1984』에서 묘사된 '빅브라더(Big Brother)'가 현실이 되어가는 듯했다. 사이퍼펑크 운동은 바로 이런 배경에서 탄생했다. 이들은 정부나 대기업의 규제에 의존하지 않고, 스스로 기술을 개발해 문제를 해결하려 했다. 사이퍼펑크는 단순한

2022년 11월 4일 Web Summit 2022에서의 데이비드 차움

철학적 주장에 머물지 않고, 암호화 기술을 실질적으로 발전시키는 데 기여했다.

이 운동의 중심에 있던 한 사람이 있었다. 그가 바로 데이비드 차움(David Chaum)이다. 그는 1982년에 발표한 논문에서 '익명으로 거래할 수 있는 디지털 화폐'라는 개념을 처음 제안했다. 지금 들어보면 흔한 아이디어 같지만, 당시엔 정말 혁명적인 발상이었다. 그래서 그는 직접 실행에 나섰다.

1990년에 그는 디지캐시(DigiCash)라는 회사를 창업해 e-Cash라는 디지털 화폐를 만들었다. 이 화폐는 거래 시 개인 정보를 노출하지 않으면서도 암호화를 통해 신뢰를 유지했다. 지금의 코인과 닮은 점이 많지 않은가?

하지만 안타깝게도 그의 시도는 실패했다. 왜 그랬을까? 너무 앞서갔기 때문이다. 당시 사람들은 익명 거래 시스템의 필요성을 체감하지 못했고, 디지캐시는 지나치게 중앙화된 시스템 구조로 인해 본질적 한계를 넘지 못했다. 결국 경영 능력 부족까지 더해져 시장에서 퇴출당하고 말았다.

대부분의 사람들은 2008년 비트코인의 탄생에서 코인의 역사가 시작되었다고 생각한다. 하지만 사실 코인은 그보다 훨씬 오래된 역사를 가지고 있다. 코인을 사람으로 비유하면, 2008년생 청소년이 아니라 1980년대 태어나 중년의 나이에 접어든 성인인 셈이다.

차움의 디지캐시는 실패했지만, 그의 아이디어는 여전히 살아남아 오늘날 코인 시장의 뿌리가 되었다. '탈중앙화된 금융 시스템'이라는 현재의 코인 철학도 여기에서 시작되었다고 해도 과언이 아니다.

비트코인의 등장

2008년 10월 31일, 사토시 나카모토가 발표한 '비트코인: P2P 전자현금 시스템'이라는 제목의 백서를 살펴보자. 이는 코인 역사의 획기적인 순간이었다.

데이비드 차움이 개발한 e-Cash는 은행과의 연계를 위한 '중앙집중시스템'을 사용했다. 반면에 비트코인은 블록체인 기술 기반의 '탈중앙화 시스템'을 토대로 했다는 것이 가장 큰 차이점이다.

Bitcoin 백서의 첫 페이지

Bitcoin: A Peer-to-Peer Electronic Cash System

Satoshi Nakamoto
satoshin@gmx.com
www.bitcoin.org

Abstract. A purely peer-to-peer version of electronic cash would allow online payments to be sent directly from one party to another without going through a financial institution. Digital signatures provide part of the solution, but the main benefits are lost if a trusted third party is still required to prevent double-spending. We propose a solution to the double-spending problem using a peer-to-peer network. The network timestamps transactions by hashing them into an ongoing chain of hash-based proof-of-work, forming a record that cannot be changed without redoing the proof-of-work. The longest chain not only serves as proof of the sequence of events witnessed, but proof that it came from the largest pool of CPU power. As long as a majority of CPU power is controlled by nodes that are not cooperating to attack the network, they'll generate the longest chain and outpace attackers. The network itself requires minimal structure. Messages are broadcast on a best effort basis, and nodes can leave and rejoin the network at will, accepting the longest proof-of-work chain as proof of what happened while they were gone.

백서(White Paper)

백서는 해당 코인 프로젝트의 핵심을 담은 기술 문서로, 프로젝트의 비전, 기술적 세부사항, 로드맵, 팀 정도 등을 포함한다. 투자자들은 백서를 통해 프로젝트를 이해하고 평가할 수 있게 된다. 예를 들어 비트코인 백서에서는 P2P전자화폐 시스템, 이더리움 백서에서는 스마트 컨트랙트 플랫폼의 개념을 소개했으며, 투자자들이 이들 코인을 투자 여부를 판단하는 데 있어 중요한 기준이 되었다.

그러나 개인적으로 궁금한 것은 데이비드 차움이 비트코인을 인정하고, 초창기부터 보유하고 있는지 여부이다. 본인이 공개적으로 말하지 않았으므로 섣불리 예단하기는 어렵겠다. 그러나 코인의 대

채굴(Mining)

채굴은 새로운 비트코인을 생성하고 거래를 검증하는 핵심 과정이다. 채굴자들은 복잡한 수학적 문제를 해결해, 새로운 블록을 블록체인에 추가한다. 성공적으로 블록을 생성한 채굴자는 새로 발행된 비트코인을 보상으로 받는다. 이 과정은 비트코인 네트워크의 보안 및 거래의 정확성을 보장하는 동시에, 비트코인의 탈중앙화된 특성을 유지하는 데 중요한 역할을 한다.

부라 불리는 인물임에도 비트코인 투자로 수익을 거두었다는 소식은 들리지 않는다. 코인 투자가 그렇게 어려운 것이다.

이후 2009년 1월 3일에 비트코인 네트워크가 공식적으로 시작되었고, 최초의 비트코인 블록인 '제네시스 블록'이 채굴되었다. 이로써 세계 최초의 완전히 분산화된 디지털 화폐가 탄생한 것이다. 아마 그때 비트코인을 샀던 사람이 있으면, 누구든지 지금쯤 제네시스 정도는 기본으로 굴릴 수 있을 거라 생각한다.

코인 투자를 고민하는 당신에게 이쯤에서 한 가지 질문을 던지고 싶다. 당신은 지금 왜 코인을 투자하려고 하는가? 수익 때문인가, 아니면 코인의 철학 때문인가?

코인의 시작은 단순한 투자 상품이 아닌, 개인의 자유와 프라이버시를 위한 기술적 혁명의 산물이었다. 그런데 지금의 코인 시장은 그런 이상보다는 욕망으로 더 가득 차 있다. 어쩌면 지금 당신이 고민하는 이 투자도 그 욕망의 일부일지 모른다.

물론 욕망도 괜찮다. 하지만 적어도 코인의 시작을 이해하고 투자한다면, 당신의 선택은 조금 더 설득력을 가지게 될 것이다. 차움처럼 앞서 가서 실패하지 않으려면, 코인의 근본을 이해하는 것부터 시작해보자.

비트코인의 발전과 주요 사건들

2009년 1월, 첫 비트코인이 채굴되었을 때 사람들은 이렇게 생각했다. '과연 이게 쓸모가 있을까?'

사토시 나카모토의 백서에 적힌 비트코인의 꿈은 분명 멋졌다. 중앙화된 금융 시스템에서 벗어나 개인 간 거래를 가능하게 하는 새로운 결제수단이라니! 그러나 현실은 조금 달랐다. 비트코인이 결제수단으로 처음 사용된 것은 2010년 5월 22일로, 미국의 개발자인 라스즐로 핸예츠(Laszlo Hanyecz)가 비트코인 1만 개를 주고 피자 두 판을 샀다.

그리고 이 날은 지금까지도 '비트코인 피자 데이'로 기념되고 있다. 다음에 나오는 사진은 라스즐로 핸예츠가 비트코인으로 피자를 구매하고 X(당시 Twitter)에 올린 가족 사진이다.

잠시 계산을 해보자. 당시 비트코인 1개의 가격은 약 5원이었고, 지금(2024년 12월 기준) 비트코인의 가격은 약 1억 4천만 원이다. 즉

핸예츠는 현재 가치로 1,400억 원을 피자 두 판에 써버린 셈이다. 물론 당시엔 아무도 이 사실을 몰랐다. 하지만 만약 당신이 그 1만 비트코인을 지금까지 들고 있었다면? 당신의 상상에 맡기도록 하겠다.

한편 2010년 7월, 일본에서는 Mt. Gox라는 세계 최초의 암호화폐 거래소가 등장했다. 이 거래소는 한때 전 세계 비트코인 거래의 약 70%를 처리하며 세계 최대의 코인 거래소로 자리 잡게 된다. 그러나 여러 차례 해킹으로 비트코인 도난 사건이 발생했고, 결국 2014년에는 파산하는 운명을 맞게 된다.

이쯤 되면 한 가지 질문이 떠오를 것이다. "비트코인이 진짜 결제수단으로 쓰일 수 있을까?" 답은 '아니다'에 가깝다.

비트코인은 무겁고 느리다. 거래 속도가 느린 것은 물론이고, 수수료도 높아진다. 그래서 등장한 것이 바로 라이트코인(Litecoin) 같은

Mt. Gox의 시사점 및 매물 폭탄

Mt. Gox는 2010년에 제드 맥캘럽(Jed McCaleb)에 의해 설립되었으며, 이름은 'Magic: The Gathering Online Exchange'을 의미한다고 한다. Mt. Gox는 초기 암호화폐 시장의 중심지 역할을 했으며, 비트코인의 가격 형성과 대중화에 큰 기여를 했지만, 보안에 문제가 있었다. 특히 2014년에는 약 85만 비트코인(당시 약 5천 100억 원)이 도난당하거나 분실되었다고 보고되었다. 이것이 계기가 되어 Mt. Gox는 비트코인 인출 중단을 발표한 후 도쿄 법원에 파산 보호를 신청했다.
Mt. Gox 사건은 코인 업계에서 보안의 중요성과 중앙화된 플랫폼의 리스크를 강조하는 계기가 되었으며, 이후 탈중앙화 거래소(DEX)와 보안 강화를 중시하는 거래소의 발전에 영향을 미치게 되었다.
Mt. Gox가 해킹당한 비트코인의 상당수가 회수되지 않았으나, 파산 관리인은 20만 개를 회수했다. 이후 2024년 7월부터 시작해 10월까지 2만 명이 순차적으로 비트코인을 반환받았다. 즉 2024년 12월 기준 비트코인 가격을 고려할 때 20조 원이 넘는 잠재적인 매물 폭탄이 쌓인 것이다.

파생 비트코인들이다. 2011년에 첫선을 보인 라이트코인은 비트코인의 단점을 보완한 '더 빠르고 더 가벼운' 코인으로 주목받았다. 이후 2013년에는 리플(Ripple)과 도지코인(Dogecoin), 2015년에는 이더리움(Ethereum)이 등장하면서 코인 시장이 폭발적으로 성장하기 시작했다.

특히 이더리움은 비트코인과는 다른 접근으로 '스마트 컨트랙트'라는 새로운 내러티브를 제시하며, 단순 결제수단 이상의 가능성을 열었다. (이 코인들에 대한 자세한 이야기는 뒤에서 다룰 예정이다.)

투자자산이 되기 위한 비트코인의 긴 여정

비트코인은 처음에는 '결제수단'으로 시작되었지만, 지금은 완전히 다른 이야기를 쓰고 있다. '투자자산으로서 주류 금융 시스템으로의 편입'이 바로 그것이다. 2009년 첫 블록이 채굴된 후에 비트코인은 수년 동안 그림자 속에서 실험적 자산으로 존재했지만, 이제는 글로벌 금융의 한 축으로 자리 잡고 있다. 그 과정을 살펴보자.

먼저, 2017년 12월, 미국의 시카고 상품거래소(Chicago Mercantile Exchange, CME)는 비트코인 선물을 최초로 도입했다. 이는 비트코인이 투자자산으로서 기존 금융시장에 발을 들여놓은 첫 사건이었다. 선물 거래는 기본적으로 실제 비트코인을 보유하지 않더라도 비트코인의 가격에 베팅할 수 있는 수단을 제공했다. 당시 많은 사람들은 이렇게 생각했다. '어, 비트코인을 공식적으로 인정하려나?'

그 다음의 중요한 이정표는 2021년 10월, 미국 증권거래위원회(SEC)의 비트코인 선물 ETF 승인이었다. ETF는 누구나 쉽게 거래할 수 있는 투자자산으로, 개인 투자자들이 비트코인에 접근할 수 있는 문을 활짝 열었다. 그리고 2023년 10월, SEC는 드디어 비트코인 현물 ETF를 승인했다. 이것은 게임 체인저였다. 코인은 투자자산으로 주류 시스템에 본격적으로 편입하게 된 것이다.

현물 ETF는 선물 ETF와 달리 비트코인을 실제로 보유하게 된다. 따라서 시장에 직접 유동성을 공급하는 효과가 있기 때문에 코인 가

2020년 이후 비트코인 가격 추이

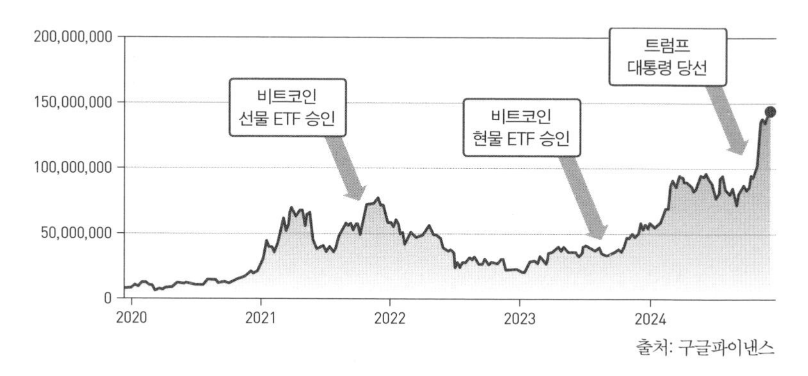

출처: 구글파이낸스

격에 직접적인 영향을 미치는 사건이었다. 실제로도 현물 ETF가 승인된 2023년 10월 이후 세계 최대 자산운용사인 블랙록을 비롯한 다수의 자산운용사는 현물 ETF를 시장에 출시했으며, 이후 비트코인 가격이 꾸준히 상승했던 것을 볼 수 있다.

한편 비트코인은 금융시장을 넘어 실물경제로서의 도입이 확대되고 있다. 2021년에는 남미의 엘살바도르가 세계 최초로 비트코인을 법정화폐로 도입했으며, 2022년에는 중앙아프리카공화국도 법정통화로 인정하기 시작했다. 또한 페이팔과 비자 같은 글로벌 결제플랫폼에서도 비트코인을 이용한 결제를 지원하며 코인 시장의 생태계 확장에 기여하고 있다.

특히 '미국을 세계의 암호화폐 수도로 만들겠다'며 코인 친화적 정책을 대선 공약으로 내세운 트럼프 대통령의 당선은 이러한 추세에 더욱 힘을 실어줄 것으로 예상된다. 또한 닷지코인을 지지하는 일론 머스크가 미국 정부효율화기구(Department of Government

비트코인 빌리어네어: 윙클보스 형제 이야기

윙클보스 형제의 이야기는 페이스북과의 법적 분쟁에서 시작해 비트코인 투자로 이어진 흥미로운 성공 스토리라 할 수 있다. 타일러와 캐머런 윙클보스 형제는 2004년, 마크 저커버그가 자신들의 소셜 네트워킹 서비스 아이디어를 도용해 페이스북을 만들었다고 주장하며 소송을 제기했다. 이 소송은 2008년에 6,500만 달러(약 771억 원)의 합의금으로 종결되었고, 합의 내용은 현금 2천만 달러와 페이스북 주식 4,500만 달러 상당을 받는 것이었다.

2013년, 스페인 이비자에서 휴가를 보내던 중 윙클보스 형제는 비트코인에 대해 알게 되었다. 그들은 페이스북으로부터 받은 합의금 중 상당 부분을 비트코인에 투자하기로 결심했다. 당시 비트코인의 가격은 10달러 미만이었고, 형제는 비트코인의 가능성이 페이스북보다 크다고 판단했다. 이후 이들은 비트코인 유통량의 약 1%에 해당하는 13만 BTC를 확보하게 되었다.

이후 비트코인의 가격이 급등하면서 이들의 투자는 결국 큰 성공을 거두었고. 현재까지도 이들은 비트코인을 대량 보유한 대표적인 인물로 알려져 있다. 2024년 9월, Forbes 추정 자료에 따르면 약 7만 BTC를 보유하고 있는 것으로 추정되며, 이는 2024년 12월 기준으로 약 10조 원에 달하는 가치를 가진다.

윙클보스 형제 사진(출처: BitDegree)

Efficiency, DOGE) 수장이 되면서 실물경제로의 편입은 더욱 가속화될 것으로 전망된다. 앞으로 코인이 어떻게 발전하고 우리의 일상생활에 어떤 영향을 미칠지 지켜보는 일은 매우 흥미로울 것이다.

비트코인이 주류 시스템으로 편입된 것은 분명히 큰 발전이다. 하지만 여기서 한 가지 질문을 던지고 싶다. '이것이 진짜 비트코인의 성공인가?'

처음 사토시 나카모토가 비트코인을 만든 이유는 무엇이었을까? 그것은 중앙화된 금융 시스템에 대한 대안이었다. 그런데 지금의 비트코인은 블랙록 같은 대형 금융기관에 의해 움직이고 있다. 아이러니하지 않은가?

주류로 편입된 비트코인은 더 많은 유동성과 안정성을 얻었지만, 동시에 '탈중앙화'라는 본래의 가치를 잃어가고 있다. 그렇다면 이것은 진정한 성공일까, 아니면 또 다른 형태의 타협일까?

당신이 지금 코인 투자를 고민하고 있다면, 이 점을 꼭 기억하시라. 비트코인은 이제 단순한 대안이 아니다. 그것은 이미 게임의 한 축이다. 그리고 그 게임에 참여할지는 결국 당신의 선택에 달렸다.

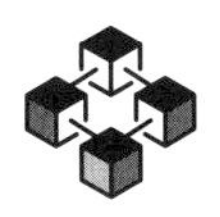

코인의 역사 2:
국내편

비트코인이 처음 등장했을 때, 한국에서의 반응은 미미했다. 2009년 비트코인이 세상에 소개된 이후에도 국내에서는 소수의 기술 애호가들 사이에서만 논의될 뿐, 대중적인 관심을 받지는 못했다. 하지만 해외에서 비트코인의 가격이 급등하면서, 한국 투자자들의 시선도 점차 가상자산으로 쏠리기 시작했다.

2013년, 국내 최초의 암호화폐 거래소인 코빗(Korbit)이 등장하면서 본격적으로 비트코인 거래가 가능해졌다. 하지만 진정한 전환점은 2017년이었다. 비트코인 가격이 급등하면서 투자 열풍이 불었고, '김치 프리미엄'이라는 독특한 현상도 등장했다. 해외보다 높은 가격에 거래되는 한국 시장의 특성 덕분에, 차익거래를 노리는 투자자들이 몰려들었고 국내 거래소들의 거래량도 폭발적으로 증가했다.

그러나 급속한 성장과 함께 문제점도 드러났다. 거래소 해킹 사건이 잇따라 발생했고, 2018년에는 정부가 실명거래제를 도입하며 본격적인 규제에 나섰다. 2021년에는 특정금융정보법(특금법)이 개정되면서 자금세탁 방지 및 고객확인 절차(KYC)가 강화되었고, 이 과정에서 많은 소규모 거래소들이 도태되었다.

2022년에는 한국에서 개발된 테라/루나 코인이 붕괴하면서 국내외 투자자들에게 큰 충격을 주었다. 하지만 2024년, 미국 대선에서 트럼프 대통령이 당선되면서 코인 시장은 다시 한번 주목받고 있다. 특히 국내 코인 시장도 다시 활기를 띠며, 투자자들의 관심이 급증하고 있다. 한국에서의 가상자산 역사는 시행착오를 거듭하며 성장하고 있으며, 앞으로도 그 진화는 계속될 것이다.

초기 도입 및 시장의 성장

2009년 비트코인이 등장했을 때만 해도 한국에서는 이에 대한 인식이 거의 없었으며, 소수의 기술 애호가들을 중심으로 암호화폐가 논의되는 정도였다. 그러나 해외에서 비트코인의 가격 상승 소식이 전해지면서 사람들이 보다 관심을 가지게 되었고, 2013년 4월부터는 첫 번째 코인거래소인 코빗(Korbit)이 정식으로 서비스를 시작해 한

김치 프리미엄을 이용한 차익거래

지금은 김치 프리미엄이 과거만큼 크지 않지만 그 크기는 시장 상황에 따라 변동하므로, 간혹 이를 활용한 차익거래를 시도하는 투자자들이 있다. 이는 국내와 해외 거래소의 가격 차이를 이용하기 때문에 무위험 투자의 일종이라고 볼 수 있다. 하지만 많은 투자자는 실제로 이 기회를 이용하지 못했다. 이는 차익거래를 위해서는 해외거래소에서 코인을 매수해 국내거래소로 들여온 후에 매도해야 하는데, 해외거래소에 계좌를 개설해 코인을 매수하는 것이 대부분의 사람들에게는 상당히 어려운 일이었기 때문이다. 그러나 김치 프리미엄은 시장의 비효율성을 반영하는 대표적인 사례로 여겨지고 있으며, 해외 언론에서 소개되기도 했다.

국에서도 비트코인 거래가 가능하게 되었다.

이후 비교적 잠잠하던 코인 시장은 2017년 초 비트코인이 500만 원을 넘어서고 연말에는 2천만 원을 돌파하는 등 급격한 상승세를 보이면서 본격적으로 성장하게 된다. 역시 사람들의 관심을 끄는 데는 수익률이 최고다. 당시 국내 최대 거래소였던 빗썸은 전 세계 일일거래량에서 1위를 차지하는 날이 많았다.

특히 우리나라는 비트코인을 비롯한 각종 코인의 가격이 해외의 거래소보다 높게 형성되는 '김치 프리미엄'이라는 현상이 발생했다. 이러한 현상은 수요와 공급 측면의 독특한 조합으로 인해 발생했다.

먼저 수요 측면에서 보면 한국은 인구 밀도가 높으면서 인터넷 발달로 정보가 빠르기 때문에 FOMO(Fear Of Missing Out)현상이 해외보다 두드러진 편이다. 이는 비트코인 수요를 빠르게 증가시켰다. 반면 공급 측면에서는 당시 비트코인 채굴에 선도국이었던 중국에 비해 높은 전기료로 인해 국내 비트코인 채굴이 제한적이었고, 외국환거래법에 따른 자본통제로 인해 공급이 제한되었던 점들이 원인으로 작용했다.

2018년 1월, 국내 코인거래소에는 실명거래제도가 도입되어 거래소 간 격차가 심화되었다. 즉 코인거래소에 실명확인 입출금 계좌가 의무화됨에 따라 이미 안정적인 은행 파트너십을 구축한 선두업체들은 입지를 유지했지만, 소규모 거래소들은 이러한 규제 변화에 대응하지 못하고 경쟁력을 상실했던 것이다.

이후 2021년 3월에는 특정금융정보법(특금법) 개정으로 모든 거래소가 자금세탁방지(Anti Money Laundering)와 고객확인(Know Your Customer, KYC) 규정을 준수하도록 요구되었다. 이 과정에서 업비트와 빗썸은 높은 거래량과 사용자 기반을 더욱 확대하며 국내 시장에서 과점적 지위를 공고히 했다. 이에 따라 두 거래소의 2024년 기준 합산 점유율은 90%를 상회한다.

거래량 측면에서 보면 정부의 규제강화는 처음에는 암호화폐 시장에 조정기를 가져오기도 했지만, 이후 시장 신뢰를 점진적으로 향상시키는 계기가 되었다. 특히 실명 거래와 KYC 규정의 정착은 암호화폐 시장의 투명성과 안정성을 높이며 기존 대형 거래소들에 유리한 환경을 제공해 오늘날 과점 시장의 기반을 형성했다.

국내 코인 시장의 성장통과 시행착오

국내 시장의 성장과 함께, 해외 시장에서도 그랬던 것처럼 국내도 거래소 해킹 사건으로 많은 투자자들이 피해를 입기도 했다. 2017년 6월에는 국내 최대의 코인거래소인 빗썸에서 보이스피싱을 이용한 해킹 사건이 발생했다. 범죄조직은 피해자의 아이디와 비밀번호를 먼저 해킹해 입수한 후 빗썸 담당자를 사칭해 피해자들이 OTP(One Time Password)를 해지하도록 유도했다. 이는 코인 거래 시 OTP로 확인하는 절차를 피하기 위한 것으로, 범죄조직은 피해자가 OTP를 해지하자마자 피해자의 전자지갑에서 코인을 빼냈다.

코인거래소에 대한 해킹 사례는 수년간 이어졌다. 2017년 12월에는 유빗(구, 야피존)에서 172억 원 상당의 코인이 해킹으로 유출되었으며, 2018년 6월에는 코인레일과 빗썸에서 각각 400억 원 및 350억 원 규모의 코인이 해킹으로 유출되었다.

한편 2019년 11월에는 업비트에서 580억 원 상당의 이더리움이 해킹으로 유출되는 사고가 발생했다. 특히 해당 사건은 이후 경찰조사를 통해 북한 해커조직의 소행이라는 사실이 2024년 11월에야 공식적으로 확인되었다.

이러한 일련의 해킹 사건들은 국내 코인 시장의 신뢰도에 타격을 주었다. 그러나 코인거래소의 보안시스템에 대한 투자 확대로 이어져 코인 시장의 보다 안전한 거래를 위한 밑거름이 되었다. 특히 업

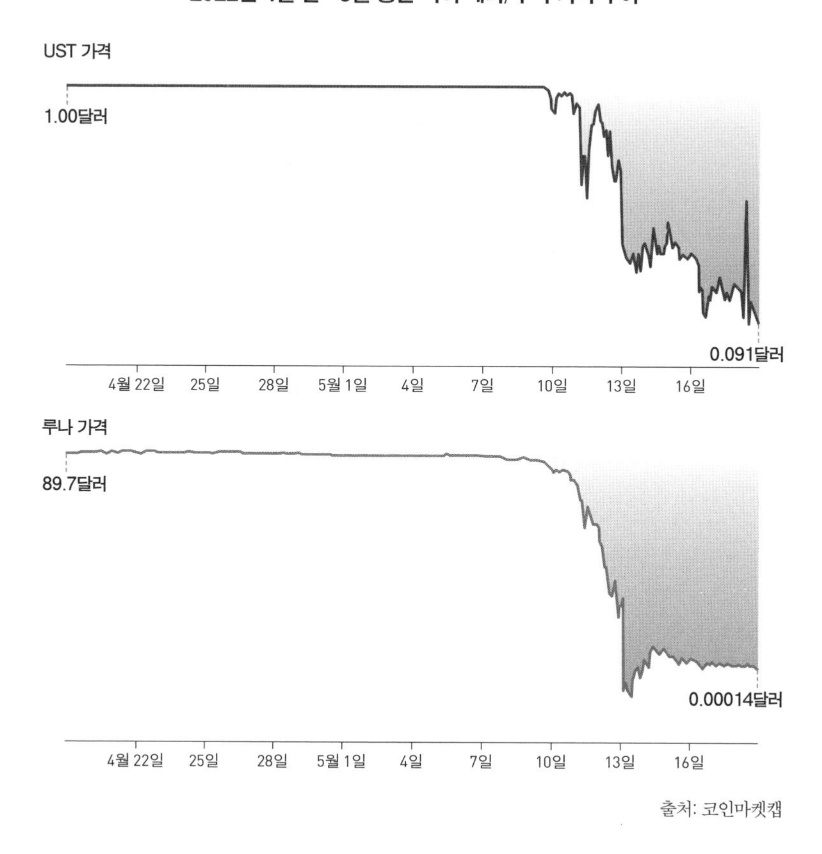

비트의 경우 2019년 이후 단 한 건의 사이버 침해 사고도 발생하지 않았다고 밝히고 있다.

2022년 5월에 있었던 테라/루나 폭락 사태는 한국 코인 시장이 겪은 또 하나의 중요한 성장통이었다. 당시 테라는 1달러에 고정되도록 설계된 알고리즘 기반 스테이블코인이었고, 루나는 이를 뒷받침하는 자매코인이었다. 그러나 테라와 루나 사이의 알고리즘 붕괴로 인해 이들 코인의 가치는 0에 가깝게 폭락했고, 약 53조 원에 이르는 투자자의 손실이 발생했다.

이 사건의 핵심인물인 권도형은 이후 도피생활을 하던 중 2023년 3월, 동유럽에 위치한 몬테네그로에서 체포되었으며 2024년 12월까지도 미국과 한국 중 어느 국가로 송환되어 재판을 받을지에 대한 논의가 계속되었다.

국내 코인 시장의 안정과 성숙기

2024년 국내 코인 시장은 지속적인 성장세를 보이고 있다. 금융위원회가 분석한 자료에 따르면, 2024년 상반기 거래 규모는 1,087조 원으로 2023년 하반기에 비해 67% 상승했으며, 같은 기간 동안 시가총액과 이용자는 각각 27% 및 21% 늘었다.

이러한 추세 속에 2024년 11월 초, 미국 대선에서 트럼프의 압승으로 인해 국내 코인 시장은 한 단계 도약하기 시작했다. 트럼프가 코인을 국가 전략자산으로 비축하겠다고 공언했고, 코인 친화적 인사를 대거 기용함에 따라 비트코인을 비롯한 주요 코인의 가격이 급등하기 시작했기 때문이다. 이는 국내 투자자들을 다시 한번 코인 시장으로 끌어들이는 계기가 되었다.

한편 국내 코인 시장 관련 제도화 여부는 2024년 4월 총선에서 윤창현 의원의 낙선으로 인해 중요한 전환점을 맞이했다. 윤 의원은 지난 21대 국회에서 '디지털 자산 기본법'을 발의하며 국내 코인 규제와 입법을 주도했었다. 그러나 그가 낙선하면서 국내 현 22대 국회에는 코인 관련 법안을 주도하는 의원이 부재한 상황이 되었고, 이로 인해 코인 관련 각종 제도의 법제화 움직임은 다소 정체된 상황이다.

현재 국내 코인 시장은 점차 고조되고 있지만, 다른 투자 대상과 마찬가지로 신중한 접근이 필요하다. 특히 가격 상승의 근본적인 원인을 이해하지 못한 채 무분별하게 투자하는 것은 위험하다. 따라서 투자자들은 시장 동향을 면밀히 관찰하고, 관련 정책 및 규제 변화에 주목하며 신중한 결정을 내려야 한다.

- 코인을 바라보는 관점: '내러티브'의 생성, 확산, 소멸
- 코인 vs. 금융: 같은 그림, 다른 퍼즐
- 전통 금융과 코인의 만남

CHAPTER 4

코인을 바라보는 금융의 시각
내러티브와 경제적 이해

코인의 가격은 거래자 간의 수급뿐 아니라 발행 구조, 이벤트, 불확실성 등 다양한 요소에 의해 결정된다. 주식과 같이 외부 요인은 물론, 반감기와 같이 코인만이 가지고 있는 독특한 공급 구조에 의해 가격이 바뀌는 것이다. 최근엔 코인의 활용 가능성을 인지한 일부 중앙은행이 일찌감치 가상 화폐(CBDC) 발행을 준비하고 있고, 코인의 투자 매력을 느낀 기업들도 코인 매입에 나서고 있다. 4장에서는 코인의 가격 결정 구조, 코인과 전통 자산의 관련성, 그리고 정부기관 및 기업의 코인 활용 현황 전반을 소개하고자 한다.

가상자산의 가격 형성 과정은 단순히 수급 요인뿐 아니라 시장 참여자들의 기대와 심리적 요인에 의한 내러티브에 의해 강력한 영향을 받는다. 이는 로버트 쉴러(2019)가 제시한 '내러티브 경제학' 개념을 통해 설명할 수 있다. 특정 내러티브가 시장 참여자들 사이에 확산되면 집합적 신념이 형성되고, 이는 가격에 반영되어 일시적 과열이나 저평가와 같은 시장 왜곡을 유발할 수 있다. 특히 암호자산 시장은 규제 불확실성과 정보 비대칭성이 높아 이러한 현상이 더욱 두드러진다. 따라서 암호자산의 가치 평가 시 시장 참여자의 심리적 편향 및 내러티브의 구조적 특성을 종합적으로 분석하는 접근이 필수적이다. 이러한 접근은 시장의 합리성과 효율성 제고에도 기여할 수 있을 것이다.

코인을 바라보는 관점:
'내러티브'의 생성, 확산, 소멸

코인 투자를 고민중이라면 이런 얘기들을 들어봤을 것이다. "이거 투자해서 나만 늦으면 어쩌지?" "내가 사면 떨어지고, 내가 팔면 오른다더라."

물론 코인 시장을 한마디로 정의하긴 어렵지만, '내러티브'라는 단어로 시작해보려 한다. 코인은 내러티브, 즉 이야기로 시작된다. 근사한 비전을 내세운 사람들이 등장해 "이건 세상을 바꿀 혁신이다!"라고 외치면 대중은 귀가 솔깃해진다. 관심이 몰리면 돈도 따라붙는다. 가격은 급등하고 버블이 형성되지만, 결국은 터진다. 그 뒤로는 그 내러티브가 사라지거나, 약간 다듬어진 새로운 이야기가 등장한다. 이게 바로 코인 가격의 움직임과 대중성의 패턴이다. 이제, 그 이야기를 한번 풀어보도록 하겠다.

코인은 결국 내러티브의 게임이다

비트코인의 시작은 꽤 매력적이었다. '정부와 은행의 통제를 받지 않는 대안 화폐'라는 내러티브로 출발했다. 돈의 독립, 개인 간 거래, 익명성. 뭔가 혁명적인 느낌이었다. 그래서 '암호화폐'라는 이름이 붙었다.

하지만 현실은? 비트코인으로 스타벅스 커피 한 잔 사는 것조차 쉽지 않다. 높은 수수료와 느린 처리 속도와 하늘 높은 줄 모르는 가격 변동성 때문에 '대안 화폐'로서의 꿈은 대부분 좌절되었다. 물론 엘살바도르 같은 나라에서 비트코인을 법정화폐로 채택했다지만, 솔직히 이건 너무 특수한 사례다. 지금의 비트코인은 화폐라기보다는 '투기성이 강한 자산'으로 자리 잡았다.

2015년에는 비탈릭 부테린(러시아의 프로그래머)이 이더리움을 들고 나왔다. 여기선 '차세대 블록체인'이라는 내러티브가 등장했다. 비트코인이 대안 화폐를 꿈꿨다면, 이더리움은 더 똑똑한 블록체인, 즉 '스마트 컨트랙트'를 이야기했다. 프로그래머들이 이더리움 위에서 다양한 서비스를 만들 수 있게 하면서, 이제 블록체인은 화폐만이 아니라 계약, 금융, 게임 등 다양한 곳에 활용될 수 있다는 비전을 보여주었다.

덕분에 이더리움은 비트코인과는 다른 길을 걷게 되었다. 더 나아가 솔라나, 아발란체 같은 이더리움 킬러가 나오며 또 다른 내러티브를 만들어냈다. 즉 코인 시장은 화폐 이야기를 넘어서 기술 경쟁의 장으로 변모한 것이다.

이더리움 이후, 새로운 이야기는 끝없이 쏟아졌다. 그중 하나가 바로 '탈중앙 금융(DeFi)'이다. 은행 같은 중개자 없이 P2P로 금융 거래를 할 수 있다는 내러티브는 2020~2021년 사이 폭발적인 인기를 끌었다. 대출, 투자, 파생상품 같은 전통 금융 서비스가 탈중앙 방식으로 구현되면서 코인의 유토피아를 꿈꾼 사람들은 열광했다.

그리고 'NFT(대체 불가능 토큰)'라는 새로운 내러티브가 등장했다. 디지털 작품, 음악, 심지어 트윗까지 소유할 수 있다는 개념이 사람들의 상상력을 자극했다. 덕분에 한때는 '디지털 아트'가 엄청난 가격에 거래되면서 NFT 시장도 가파르게 성장했다. 하지만 NFT의 열풍도 금세 식어버렸다. 과연 NFT는 새로운 디지털 경제의 열쇠가 될까, 아니면 또 다른 투기 상품에 불과할까?

결국 코인 시장의 역사는 새로운 내러티브의 등장과 소멸로 요약된다. 비트코인, 이더리움, DeFi, NFT, 그리고 지금의 ETF 이야기까지. 사람들은 언제나 새롭고 혁신적인 이야기에 열광하고, 그 이야기에 따라 가격은 폭등하지만 결국 현실과 부딪히며 조정을 맞는다. 이 과정에서 일부는 사라지고, 일부는 변형되어 살아남는다.

만약 지금 코인에 발을 들여놓을까 고민하고 있다면, 한 가지만 기억하자. "내러티브는 현실과의 괴리에서 만들어진다." 즉 사람들이 세상에서 느끼는 결핍, 불안, 혹은 기대를 채워줄 무언가가 내러티브가 된다. 문제는, 그 내러티브가 과연 현실이 될 수 있느냐는 것이다. 대부분의 내러티브는 결국 과장된 기대를 품게 만들고, 그 결과는 흔히 우리가 아는 버블로 귀결된다.

그래서 코인 투자는 일종의 내러티브 읽기라고도 할 수 있다. 지금 비트코인의 내러티브는 디지털 금, ETF, 그리고 탈중앙화이지만, 이 이야기가 언제까지 지속될지는 누구도 모른다. 한 가지 분명한 점은, 내러티브가 살아 있는 한 코인 시장도 계속해서 춤을 출 것이라는 사실이다. 탐욕적인 동시에 위험한 이 시장에 뛰어들고 싶다면, 이야기를 읽는 눈부터 길러야 한다. 그리고 모든 투자에서처럼, 항상 잃을 각오를 하고 뛰어들라. 이곳은 당신이 '떡상'을 기대할 수도 있지만, '떡락'으로 고통받을 가능성도 그만큼 크다.

내러티브에 대한 논의를 기억하면서, 이제 대장 코인인 비트코인의 가격은 어떻게 결정되는지를 알아보자.

수요가 만드는 비트코인 가격의 흐름

"내가 투자하면 오르고, 내가 팔면 떨어진다." 코인 투자자라면 한 번쯤 들어봤을 이 말은 단순한 농담이 아니다. 실제로 많은 투자자들이 시장의 역동성을 체감하며 탄식을 내뱉는다. 하지만 비트코인 가격은 결코 우연히 움직이는 것이 아니다. 수요, 공급, 그리고 구조적 요인이라는 3가지 큰 축이 이 가격을 좌우한다. 이 3가지를 이해하면, 비트코인의 가격이 왜 이렇게 춤을 추는지 조금은 알 수 있을 것이다. 자, 그 복잡한 메커니즘을 하나씩 풀어보자.

비트코인의 가격은 결국 사람들이 얼마나 사고 싶어 하느냐에 달렸다. 그리고 이 '사고 싶어 하는 마음'은 다양한 이유로 발생한다.

가장 먼저 살펴볼 것은 투자 심리다. 장기 보유자, 기관 투자자, 그리고 개인 투자자라는 세 부류가 각기 다른 방식으로 시장에 영향을 미친다.

장기 보유자들은 시장의 하락기에 코인을 주워 담고, 상승장에 팔아치운다. 이들은 주로 온체인 데이터를 통해 매수와 매도 패턴을 분석하며, 자신들의 투자 전략을 실행한다. 반면에 개인 투자자들은 시장에 유입되는 시점이 다르다. 주로 언론 보도에 영향을 받는 이들은 비트코인이 오른다는 소식이 들리면 무작정 매수하고, 하락 뉴스가 나오면 공포에 휩싸여 매도한다. 마지막으로, 기관 투자자들은 CME 비트코인 선물 프리미엄과 ETF 흐름과 같은 데이터를 바탕으로 체계적으로 움직인다.

또한 시장은 뉴스와 이벤트에도 큰 영향을 받는다. ETF 승인이 발표되거나 엘살바도르가 비트코인을 법정화폐로 채택했다는 소식은 시장에 강력한 상승 압력을 가했다. 반대로 예상치 못한 부정적인 사건, 예를 들어 코로나19 초기 충격은 시장의 공포를 증폭시키며 가격 하락을 초래했다.

여기에 더해 거시 경제 요인 또한 비트코인 시장을 크게 움직인다. 금리 정책이나 인플레이션 같은 외부 경제적 환경이 투자 심리를 변화시킨다. 금리가 낮은 시기에는 비트코인이 리스크 자산으로 주목받으며 수요가 증가하지만 금리가 오르면 비트코인은 투자자의 관심 밖으로 밀려난다.

공급이 결정하는 비트코인 가치

비트코인의 공급은 엄격한 발행 구조와 예측할 수 없는 이벤트에 의해 결정된다.

우선, 비트코인의 공급 구조를 결정하는 핵심적인 요소는 반감기다. 반감기는 4년마다 한 번씩 발생하며, 채굴 보상을 절반으로 줄인다. 이로 인해 시장에 풀리는 비트코인의 양이 감소하며 희소성이 부각된다. 이를테면 2024년 반감기 이후에는 하루에 새로 발행되는 비트코인이 900개에서 450개로 줄어든다. 이는 연간 약 16만 개 이상의 공급 감소를 초래하며, 가격 상승 압력을 유발할 가능성이 있다.

또한 '잃어버린 코인'도 공급 요인으로 작용한다. 보통 잃어버린 코인은 시장에서 영영 사라지지만, 가끔 복구되는 경우도 있다. Mt. Gox 사건에서 14만 BTC가 복귀할 예정이라는 소식은 시장에 공급 충격을 가져올 가능성을 암시한다. 이와 유사하게, 미국 정부가 압수한 비트코인을 매각할 경우에 대량의 비트코인이 시장에 풀리며 가격 하락을 초래할 수 있다.

비트코인의 구조적 가격 논리

구조적 요인은 시장 내부의 역학 관계로 인해 비트코인의 가격에 간접적이지만 중요한 영향을 미친다.

'포트폴리오 재조정'은 비트코인의 가격에 영향을 미치는 중요한 구조적 요인이다. 기관 투자자들은 투자 포트폴리오에서 비트코인의 비중을 조정하기 위해 시장에서 매수하거나 매도한다. 예를 들어 비트코인의 성과가 다른 자산보다 우수하면 포트폴리오의 균형을 맞추기 위해 매도하고, 반대로 성과가 낮으면 매수한다. 이러한 행동은 비트코인의 가격 변동성을 낮추는 동시에 다른 자산과의 상관관계를 높이는 결과를 초래한다.

'레버리지'는 시장의 단기적 변동성을 크게 증폭시키는 요인이다. 투자자들이 높은 레버리지를 사용할 경우, 시장이 반대 방향으로 움직일 때 강제 청산이 발생하며 추가적인 매도 압력을 유발한다. 특히 개인 투자자들은 높은 레버리지로 인해 가격 하락 시 더 큰 손실을 경험하게 되며, 이는 시장의 급격한 변동성을 유발할 수 있다.

'채굴자들의 행동'도 구조적 요인으로 작용한다. 채굴자들은 채굴 비용을 충당하기 위해 대부분의 비트코인을 판매하지만 반감기가 다가오면 판매를 줄이고 보유량을 늘리는 경향이 있다. 이는 시장의 공급 압력을 줄이며, 가격 상승으로 이어질 가능성이 있다.

비트코인의 가격은 우연히 결정되지 않는다

비트코인의 가격은 단순히 우연에 의해 결정되지 않는다. 수요, 공급, 그리고 구조적 요인이 얽히고설키며 가격을 움직인다. 그러나 그 방향성을 100% 예측할 수 있는 사람은 아무도 없다. 비트코인은 분명히 무시할 수 없는 자산이지만, 그만큼 위험부담과 불확실성도 크다.

코인 투자를 고민하고 있다면, 먼저 공부가 필요하다. 시장이 어떻게 움직이고, 무엇이 가격을 결정하는지 이해하면 투자에 대한 판단도 더 명확해질 것이다. 무작정 뛰어들기보다는 제대로 알고, 신중하게 접근하길 바란다. 이 게임에서 살아남고 싶다면 말이다.

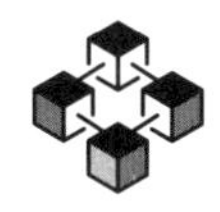

코인 vs. 금융: 같은 그림, 다른 퍼즐

코인과 금융은 같은 '투자'라는 개념 아래 움직이지만, 본질적으로 다른 게임이다. 투자자들은 주식이든 코인이든 '싸게 사서 비싸게 판다'는 기본 원칙을 따른다. 그러나 금융 시장과 코인 시장의 규칙, 메커니즘, 그리고 철학은 완전히 다르다. 주식 시장은 엄격한 규제와 기업의 재무 정보를 기반으로 움직이는 반면, 코인 시장은 상대적으로 규제에서 자유롭고, 새로운 내러티브와 시장 심리에 의해 가격이 출렁인다.

주식은 기업의 자본을 나타내며, 주식을 매수하면 해당 기업의 지분을 보유하는 것이다. 반면, 코인은 명확한 소유권이 존재하지 않는다. 투자자는 단순히 네트워크상의 '디지털 자산'을 거래할 뿐이다. 주식 시장은 거래소를 통해 주식을 사고파는 체계적인 구조를 갖지만, 코인은 365일 24시간 글로벌 거래가 가능하며, 거래소마다 가격이 다르게 형성되기도 한다.

코인의 가격 형성 메커니즘도 독특하다. 주식은 기업의 가치와 미래 수익성을 기반으로 평가되지만, 코인은 발행량, 반감기, 네트워크 효과, 시장 정서 등에 의해 가격이 결정된다. 특히 반감기는 코인의 공급을 줄이고 희소성을 높이는 역할을 하며, 이는 주식 시장에는 없는 특이한 요소다.

이 글에서는 코인과 금융의 유사점과 차이점을 분석하고, 투자자들이 이를 어떻게 활용할 수 있는지를 살펴볼 것이다. 금융 시장에서 주식이 오랜 역사와 검증된 시스템을 가지고 있다면, 코인은 여전히 새로운 실험 단계에 있다. 하지만 점점 더 많은 투자자가 코인을 포트폴리오에 포함시키고 있으며, 주식과의 상관성도 높아지고 있다. 결국 코인과 금융은 같은 그림 속의 다른 퍼즐 조각이며, 이를 제대로 이해하는 것이 성공적인 투자의 핵심이다.

코인 시장과 금융의 닮은 점 및 다른 점

투자자의 관점에서 투자의 목적은 결국 돈을 불리는 것이다. 주식이든 코인이든 목적을 달성하는 방식은 비슷할 수밖에 없다. 싸게 사서 비싸게 팔거나, 남들보다 먼저 사고, 남들보다 늦게 파는 것.

문제는 전체적인 운영방식에 있어 주식과 코인은 미묘하게 다르다는 점이다. 주식 시장은 룰이 빡빡한 테이블 게임이라면, 코인 시장은 규칙이 느슨한 도박장에 가깝다. 당연히 코인 시장에서 훨씬 더 많은 속임수와 그 속임수에 의한 피해자가 발생할 수 있다. 그러나 그와 동시에 코인 시장에서 아주 큰 돈을 빠르게 번 사람이 나타날 확률도 높다.

주식을 예로 들어보자. 주식은 주식회사의 자본을 이루는 기본 단위를 뜻한다. 기업은 자사에 필요한 자금을 공급하기 위한 목적으로 증권을 발행한다. 당신이 주식 거래로 해당 기업의 주식을 매입한다면 당신은 지분만큼 해당 기업에 대한 법률상 권리를 가질 수 있다. 쉽게 말해, 자신이 매입한 주식만큼 '기업의 주인'이라고 할 수 있는 것이다.

개인이 거래하는 주식은 대부분 상장기업이다. 상장기업이란 '유가증권 시장에 상장되어 주식이 거래되는 기업'을 의미한다. 개인은 HTS 프로그램이나 모바일 증권사 앱에 접속해 주식 매수를 희망하는 기업 종목에 대해 매수가를 입력한다. 이를 호가(呼價)라고 부른다. 호가란 주식 매매를 위해 가격과 수량을 제시하는 행위를 뜻하는데, 주식시장은 수많은 참여자가 복수의 가격 및 수량을 경쟁적으로 제시한다. 매도 주문에서 가장 낮은 호가, 매수 주문에서 가장 높은 호가가 일치하면(수급 일치) 참여자 간에 주식 거래가 체결되는 구조이다.

코인은 주인 개념이 희미하다. 누가 만들었는지도 불분명한 경우가 많다. 비트코인은 사토시 나카모토라는 정체불명의 인물이 만든 것으로 알려졌지만, 그조차 실존 인물인지 확실치 않다. 결국 코인은 시스템 자체를 믿고 거래하는 자산이다.

겉보기에는 비슷하다. 주식도, 코인도 앱을 열고 사고팔 수 있다. 원하는 가격을 써넣으면 거래가 체결되는 구조다. 이쯤 되면 주식과 코인이 비슷해 보일 수도 있다. 그러나 코인과 주식은 거래의 규칙부터 목적까지 완전히 다른 게임판이라는 사실을 이해해야 한다.

코인과 주식의 유사성

수급에 따른 거래 메커니즘

주식과 코인이 가장 유사한 부분은 바로 '거래 메커니즘'이다. 원하는 종목을 고르고, 원하는 호가를 부른다는 측면에서 비슷하다. 이는 코인 시장이 주식시장처럼 수요와 공급의 원리에 의해 거래된다

김치 프리미엄이란 무엇인가?

같은 코인이라도 국내 코인 가격이 해외보다 비싼 경우가 있다. 그 가격 차이를 '김치 프리미엄(Kimchi premium)'이라는 신조어로 부른다. 김치 프리미엄이란 국내에서 거래되는 코인 시세가 해외 거래소 시세에 비하여 얼마나 높게 형성되었는지 뜻하는 단어다. 거꾸로 해외 거래소보다 국내 코인의 시세가 낮으면 '역(逆)프리미엄'이라고 부르기도 한다.

수급 원리에 따른 수요 증가(가격 상승) 및 감소(가격 하락) 메커니즘

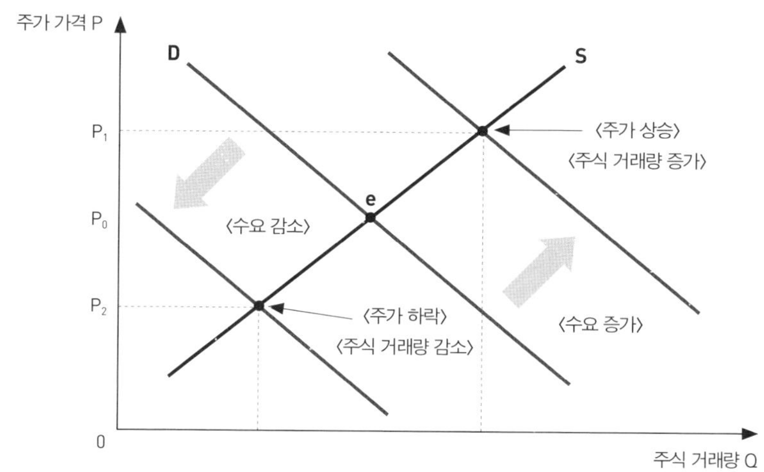

주: D-Demand(수요), S-Supply(공급), e-equilibrium(균형점)

는 특성 때문이다. 위에 나오는 그림을 살펴보자.

위 그림에서 제시된 그래프에 따르면 특정 종목에 대한 수요(X축)가 증가하면 거래량이 증가하면서 주가(Y축)가 올라간다(수요 곡선 우측 이동). 반대로 이 종목에 대한 수요가 하락하면 거래량이 감소하면서 주가가 떨어진다(수요 곡선 좌측 이동).

코인도 개인이 주식과 같이 코인 가격(호가) 및 수량을 제시할 수 있다. 주식시장처럼 장이 좋으면 매수/매도 호가가 오르며, 장이 나쁘면 매수/매도 호가가 내려간다. 큰 흐름에서 보면 투자자 입장에서 코인 거래는 주식 거래와 비슷하다.

다만 주식 시장은 어떤 증권사를 쓰더라도 동일 종목의 가격이 같지만, 코인 시장은 거래소에 따라 코인의 가격이 다를 수 있다. 이는 코인에 대한 관리 및 보증 기관이 없으며, 그 결과 거래소 내 수급에 따라 해당 코인의 가격이 결정되기 때문이다.

비트코인과 이더리움 등은 거래량이 상대적으로 많기 때문에 거래 가격이 비슷하다. 이는 차익 거래(arbitrage trading) 때문이다. 차익 거래는 시세가 낮은 거래소에서 특정 코인을 구입해 시세가 높은 거래소에 파는 행위를 뜻한다. 코인의 거래량이 많을수록, 코인 거래자가 많을수록 거래소 간의 코인 가격이 평균에 맞춰지는 구조다.

수요 측면에서 보는 코인과 주식의 차이

거래 행위만 보면 주식과 코인은 유사하지만 두 자산은 차이점이 더 많다. 먼저 발행 주체부터 살펴보자. 기업이 주식을 발행하는 목적은 자금을 조달하기 위함이다. 기업이 유상증권을 발행하면 개인, 즉 주주는 거래한 지분만큼의 권리와 소유권을 갖는다. 요약하면, 기업이 주식 발행의 주체인 것이다.

반면 코인은 특정한 발행 주체가 없다. 대장주인 비트코인을 예로 들어보자. 채굴자가 채굴을 하면 그 보상으로 코인을 지급받는다. 블록 구성 요소를 구분하는 단위인 블록바디(block body)의 거래 내역에 보상받을 코인의 수량 등을 작성하는 구조다. 이런 방식으로 '셀프 보상'을 받는 행위가 코인을 새롭게 발행하는 행위가 된다.

코인의 거래 방식 및 거래 시간도 주식과 다르다. 예를 들어 우리나라에서 주식은 한국 거래소에서 중개인을 통해 거래된다. 또한 한국거래소의 운영시간에 맞춰 오전 9시부터 오후 3시 30분까지 거래할 수 있다. 반면 코인은 업비트·빗썸처럼 코인 거래소에서 거래할 수 있으며, 주식과 달리 365일 거래할 수 있다.

주식과 코인은 가격에 영향을 받는 요소도 다르다. 먼저 상장기업의 주식 가치는 투자자의 기대에 의해 좌우된다. 이들 투자자는 기업의 재무제표, 사업보고서에서 기업의 재무 정보를 파악하고, 해당 기업에 대한 애널리스트 보고서를 참고한다. 기업 분석에서 더 나아가 투자자들은 거시경제 여건과 시장 심리를 종합적으로 파악해 주식 매매 결정을 내린다. 그러나 코인은 미래 성장성과 (반감기 등) 설계 요인, 이에 더해 다양한 거시경제 및 시장 정서에 의해 가치가 좌우된다.

또한 국내의 경우 주식은 하루 동안 가격 변동성의 제한을 두는 상한가·하한가 제도가 있다. 이는 개별 종목의 가격이 하루 동안 큰 폭으로 변하는 것을 막음으로써 투자자를 보호하기 위한 조치다. 반면 코인은 가격 제한이 없으며, 오로지 시장 내 수급에 의해 거래가 이루어진다.

공급 측면에서 보는 코인과 주식의 차이

코인과 주식은 공급(량)에 따른 가격 변화의 구조가 다르다. 먼저 주식 거래량 변화에 따른 가격 변화를 살펴보자.

다음에 나오는 그림에서 보듯이 주식 발행량은 투자자, 혹은 기업에 의해 증가할 수 있다(공급 증가). 대주주, 혹은 기관 투자자가 주식을 대량 매도하거나, 기업이 자본 유치 목적으로 주식을 새로 발행하면 주식 공급이 증가한다(가격 감소). 반면, 기업이 주주 가치 제고 차원에서 자사주를 소각하면 공급은 줄어들 수 있다(가격 증가).

코인의 공급은 어떨까? 거래 관점에서만 보면 주식과 비슷하다.

수급 원리에 따른 공급 증가(가격 하락) 및 감소(가격 상승) 메커니즘

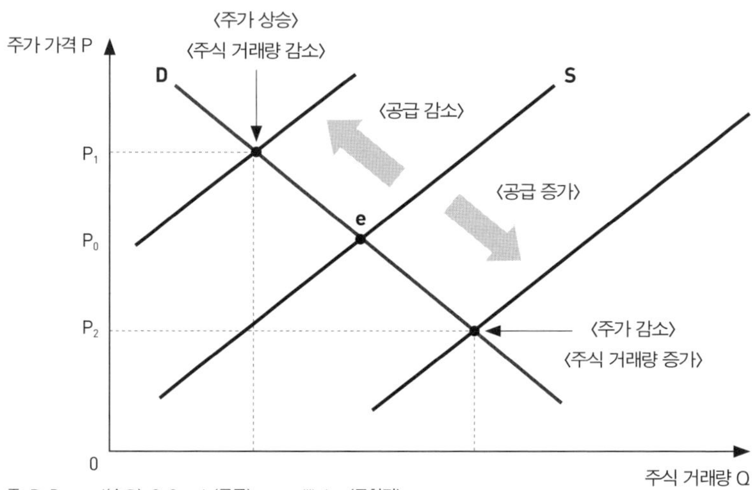

주: D-Demand(수요), S-Supply(공급), e-equilibrium(균형점)

반감기에 따른 비트코인의 가격 변화 추세

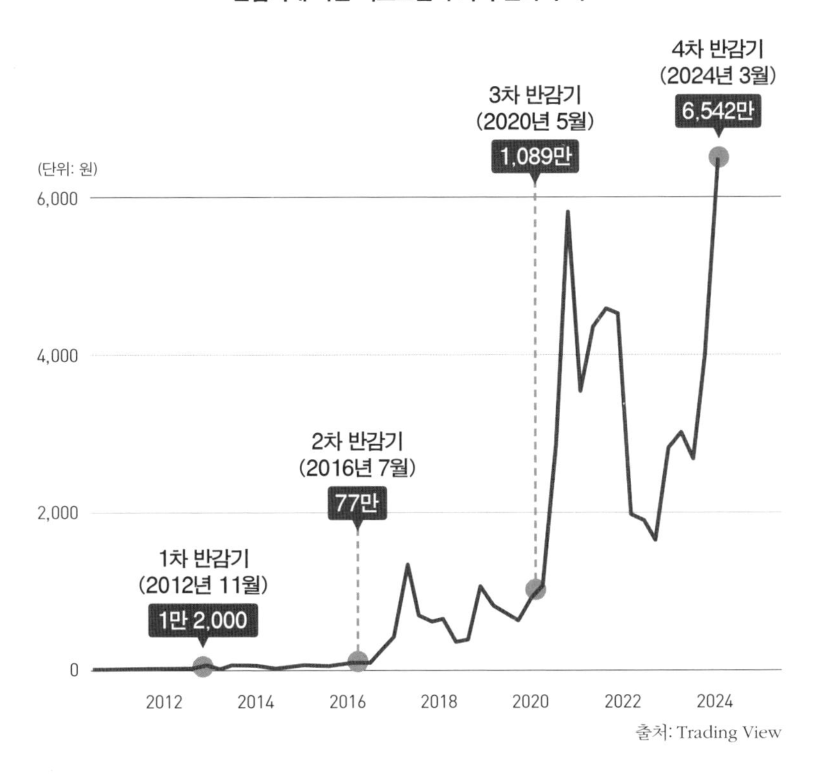

출처: Trading View

거시경제 여건 변화와 같은 특정 이슈로 매도세가 강해지면 (마치 주식처럼) 공급이 증가하고, 거래 가격은 급락한다. 그러나 중장기적으로 보았을 때 코인의 공급량 변화는 구조적으로 주식과 다르다.

대장주인 비트코인을 살펴보자. 비트코인은 독특한 특징이 있다. 바로 반감기가 존재한다는 것이다. 반감기는 비트코인 채굴에 따른 보상이 절반으로 줄어드는 것을 뜻한다. 이는 비트코인 공급량을 통제하기 위한 의도이며, 매년 4년 주기로 발생한다. 현재까지 총 4차에 걸쳐 반감기(2012년 11월·2016년 7월·2020년 5월·2024년 3월)가 발생했으며, 그만큼 채굴자가 받을 수 있는 비트코인 양이 줄어든다.

비트코인 채굴은 시간이 지날수록 어려워지고, 4년마다 반감기로 신규 코인이 줄어들다 보니 제한된 공급량으로 반감기마다 가격이 상승하는 구조다(앞의 그림 참조). 이러한 과정을 거쳐 비트코인은 2,100만 개까지 공급되도록 설계되어 있다. 다시 말해, 비트코인은 거래 가능한 코인 수가 한정되어 있다는 의미다. (한편 비트코인과 달리 대부분의 알트코인은 발행량이 제한되어 있지 않다.)

코인이 '투자'로 분류되는 이유

지금까지의 논의를 종합해보자. 수급 측면을 제외하면 코인은 주식과 비슷한 점보다 다른 점이 더 많아 보인다. 그러나 분명한 사실은 코인은 주식처럼 '투자 자산'으로 분류된다는 것이다.

다만 한 가지 맹점이 있다. 코인은 주식과 같은 방식의 가치 추정이 쉽지 않다는 것이다. 이를테면 기업의 주식처럼 내재 가치(intrinsic value)를 분석하기는 어렵다. 미래 현금흐름이 존재하지 않고 배당마저 없으니 현금흐름할인(discounted cash flow) 분석을 할 수도 없다. 상당수 개인 투자자는 코인의 미래 성장성에 의존해야 하는데, 이 와중에 코인은 규제 환경과 시장 정서에 크게 영향을 받

비트코인과 S&P500, KOSPI의 상관계수 추이(2021년 1월~2022년 5월)

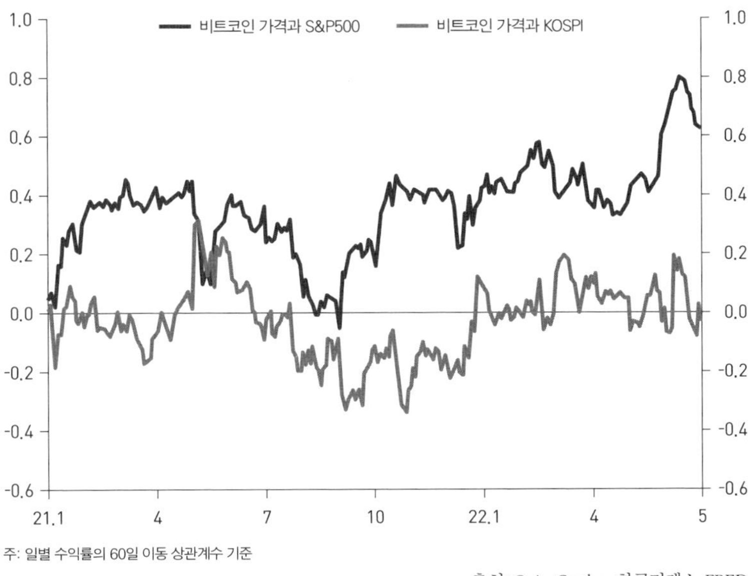

주: 일별 수익률의 60일 이동 상관계수 기준

출처: Coin Gecko, 한국거래소, FRED

고, 변동성마저 크다. 코인의 가치는 복합적으로 결정되는 구조인 셈이다.

다만 최근 들어 코인은 주식과 높은 상관성(correlation)을 나타내는 추세다. 특히 코로나19 이후 각국 중앙은행이 유동성을 쏟아내면서 '코인 대장주'인 비트코인과 미국 S&P500 사이의 동조화 현상이 발생했다.

개인 및 기관 투자자 입장에서 국채, 금 등 전통 자산과 달리 '위험 자산'으로 분류되는 주식과 비슷한 자산군으로 인식되는 것이라고 할 수 있다. 시장 충격이 발생한다면 이는 주식에 대한 비트코인의 헤지(hedge) 기능 약화로 시장 변동성 등의 시장 리스크가 상호 전이될 가능성도 있다. 반면 아직까지 비트코인과 국내 코스피 지수와의 상관성은 그리 높지 않은 것으로 보인다(앞의 그림 참조).

앞으로 비트코인은 주식과 상관성이 더욱 높아질 가능성이 있다. 2024년 1월, 미국 SEC가 비트코인 현물 ETF를 승인했기 때문이다. 이를 계기로 더 많은 금융기관이 코인을 '투자 자산'으로 거래할 수 있다. 자연스레 비트코인 ETF에도 많은 자금이 유입되면서 주식과 코인의 상관성은 더욱 높아질 수 있다.

종합하면, 다양한 시장 규제 변수의 영향으로 인해 비트코인과 주식의 상관성은 앞으로 높아질 수도 있고, 떨어질 수도 있다. 그러나 개인 및 기관 투자자 입장에서 어떤 방편이든 코인을 투자 포트폴리오로 고려할 수 있다.

이를테면 코로나19 당시와 같이 주식과 비트코인 간의 상관성이 높다면 가격 동조화에 따라 헤지 수단으로서 비트코인의 유용성이 떨어질 수 있지만, 반대로 주식과 코인의 상관성이 낮아진다면 적절한 헤지수단으로 코인을 고려해볼 수 있다.

전통 금융과 코인의 만남

금융 시장은 끊임없이 변화해왔다. 과거에는 은행, 증권, 보험과 같은 전통 금융 기관이 자산을 관리하고 거래를 중개하는 중심 역할을 맡았다. 그러나 디지털 혁명이 본격화되면서 금융의 개념도 변하기 시작했다. 스마트폰을 통한 모바일 뱅킹, 인공지능(AI) 기반 자산 관리 서비스, 비대면 대출 등이 일상이 되었고, 여기에 블록체인 기술을 기반으로 한 '코인(암호화폐)'이라는 새로운 금융 자산이 등장했다.

코인의 등장은 금융 시장에 적지 않은 충격을 주었다. 코인은 전통적인 금융 시스템을 거치지 않고도 개인 간(P2P) 직접 거래가 가능하며, 국가와 은행의 통제에서 벗어난다는 점에서 새로운 형태의 금융 혁신으로 주목받았다. 비트코인은 '디지털 금'이라는 내러티브를 형성하며 투자자들의 관심을 끌었고, 이더리움은 스마트 컨트랙트를 활용한 다양한 금융 서비스를 가능하게 했다. 그뿐만 아니라, 중앙은행 디지털 화폐(CBDC), 증권형 토큰(STO), 코인 기반 ETF 등 기존 금융 시스템과 결합하는 시도도 점점 늘어나고 있다.

특히 최근에는 기업들도 코인 시장에 적극적으로 뛰어들고 있다. 마이크로스트래티지는 비트코인을 대량 매입하며 '기업 자산의 디지털화'를 선도했고, 테슬라 역시 비트코인을 재무 포트폴리오의 일부로 포함했다. 반면, 한국에서는 금융당국의 규제로 인해 기업의 직접적인 코인 보유가 어려운 상황이다. 그럼에도 불구하고, 증권형 토큰(STO)이나 디지털 자산 관리 서비스와 같은 새로운 금융 상품이 등장하면서 코인과 금융의 경계는 점점 희미해지고 있다.

이 글에서는 전통 금융과 코인의 융합이 어떤 방식으로 이루어지고 있으며, 이에 따른 기회와 도전 과제는 무엇인지 살펴본다. 코인이 단순한 투기 자산을 넘어 금융 생태계의 중요한 축으로 자리 잡을 수 있을지, 그리고 전통 금융은 이를 어떻게 받아들이고 있는지를 분석해보자.

디지털 자산 관리와 전통 금융의 움직임

과거에 자산 관리는 개인, 기업이 예금부터 투자, 대출 등 다양한 목적으로 금융자산을 관리하는 것을 말했다. 금융자산은 은행이나 신용카드사, 증권 및 보험사 등 금융기관에 다양하게 분산되어 있는데, 고객의 자산을 한 곳에서 효율적으로 관리하고 증대시켜주는 서비스가 바로 자산 관리(Asset management)다.

자산 관리의 디지털화도 활발해졌다. 개인의 입장에서 보면 자산 관리가 일상에 스며든 것이다. 특히 코로나19 이후로 비대면 금융 서비스가 보편화되면서 개인은 물론이고 금융기관에서도 자산 관리 및 거래의 디지털화가 가속화되었다.

미국 시장조사 업체인 마케츠앤마케츠(MarketsandMarkets)에 따르면, 글로벌 디지털 자산관리 시장의 규모는 지난 2020년 34억 달러에서 3년 만인 2023년에 47억 달러로 크게 올랐다. 오는 2028년에는 87억 달러까지 증가할 것으로 예상되는 등 연평균 10% 이상의 성장이 지속될 전망이다.

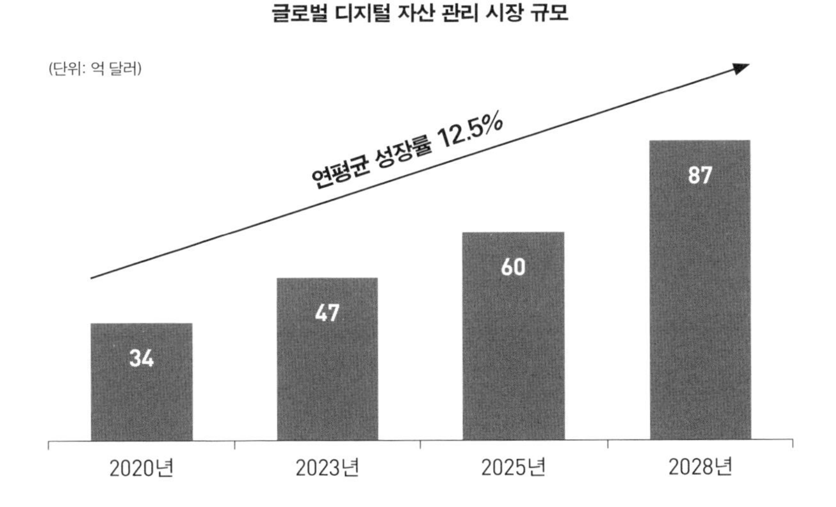

이러한 분위기에서 코인 등 '디지털 자산'의 등장은 디지털 자산 관리 시장에 또 다른 지평을 열었다. 대체불가능토큰(NFT), 메타버스 등 다양한 형태의 디지털 자산이 도입되었고, ETF와 STO(증권형 토큰) 등 코인이 자산에 다양하게 결합되는 식이다. 이들 자산은 물리적 실체가 존재하지 않지만 엄연히 개인의 권리가 부여되며, 코인과 같이 블록체인 기술과 블록체인 기반 원장이 쓰인다는 특징이 있다.

글로벌 컨설팅 기업인 보스턴컨설팅그룹(BCG)에 따르면 글로벌 디지털 자산 규모는 4,300조 원(2021년 말 기준)에 달했으며, 한국의 시장규모도 300조 원을 넘어선 것으로 파악되었다. 그만큼 자산 관리의 디지털화를 고민하는 금융기관, 기업과 정부 입장에서는 코인과 같은 '디지털 자산(digital asset)'의 취급 및 관리를 진지하게 고려해야 하는 것이다.

중앙은행의 디지털 자산(화폐)인 CBDC

디지털 자산 사용 및 거래가 활성화된 가운데, 정부기관이 전통 자산을 뛰어넘어 디지털 자산 마련에 속도를 내고 있다. 각국 중앙은행의 디지털 화폐(CBDC) 발행이 대표적이다. 스마트폰의 활성화, 디지털 자산 거래, IT 기술 발달 등이 종합적으로 맞물리면서 각국 중앙은행이 CBDC 도입을 검토하게 된 것이다. 종이화폐(현금)를 발행하던 중앙은행이 '중앙은행의 가상 화폐'인 CBDC 발행을 추진하는 이유는 무엇일까?

가계나 기업 측면에서 본다면 현금과 CBDC는 큰 차이가 없다.

먼저, 발행기관인 중앙은행은 종이화폐와 가치를 연동해 CBDC의 발행 규모를 조절할 수 있다. 화폐 단위 역시 법정화폐로 고정할 수 있다. 현금과 CBDC의 가장 큰 차이는, 현금이 '종이화폐'인 반면에 CBDC는 블록체인 기술을 기반으로 발행된다는 것이다. 이런 측면에서 CBDC는 코인 등 디지털 자산과 상당히 유사하다고 할 수 있다.

그러나 기존 코인과 CBDC는 중요한 차이가 있다. 코인은 관리 및 보증기관이 없는 반면에 CBDC는 중앙은행이라는 발행기관이 존재한다. 발행량 역시 비트코인처럼 발행 규모가 사전적으로 설계된 것이 아니라 중앙은행의 재량에 달려 있다.

한 가지 더! 당연한 얘기이지만 '민간 화폐'인 코인은 CBDC처럼 법정화폐의 기능을 할 수 없다. 반면 법정화폐인 CBDC는 은행에 예치해야 이자가 발생하는 현금과 달리 이자 지급이 가능하며, 금리도 시장 금리에 연동될 수 있다.

각국 중앙은행에서도 CBDC 발행을 검토하고 있다. 기축 통화인 '달러'를 보유한 미국 중앙은행은 지난 2021년부터 CBDC 도입을 준비했다. 다른 국가의 중앙은행이 CBDC 도입을 검토하는 상황에서 CBDC 발행이 늦어진다면 기축 통화의 입지 역시 불안해질 수 있다는 우려 때문이다. 유럽중앙은행(ECB)에서도 자국 통화의 경쟁력 강화를 이유로 2025년 도입을 목표로 삼고 있다. 그러나 두 중앙은행 모두 금융 불안정 및 개인 프라이버시 보호와 관련된 비판에 직면해 있다.

우리나라의 중앙은행인 한국은행은 연구 개발 및 테스트를 거쳐 2024년 12월 기준, 일반 이용자를 대상으로 CBDC의 실거래 테스트를 실시하는 단계다. 다만 한국은행은 실제 CBDC 도입 계획에 대해서는 공식 입장을 밝히지 않은 상황이다(2024년 12월 기준).

기업도 코인 매입에 나서는 까닭은?

일부에 불과하지만 미국 기업들도 디지털 자산, 즉 코인 매입에 나서고 있다. 비트코인을 직접 매입하거나, 비트코인 현물 ETF에 간접

데이터 분석 회사가 코인 매입에 '올인'하는 까닭은?

2024년 12월 기준 미국 마이크로스트래티지가 보유한 비트코인의 가치는 무려 386억 달러에 이른다. 1989년 창립해 비즈니스 인텔리전스(BI) 서비스를 주업으로 삼았던 이 회사는 2020년 8월 돌연 비트코인을 상당량 매입하기 시작했다. 심지어 회사채까지 끌어다 비트코인 매입에 활용했다. 일론 머스크가 이끄는 전기차 기업 테슬라(TESLA)도 비트코인에 투자한다. 하지만 마이크로스트래지처럼 기업의 자산을 동원해 비트코인 매수에 '올인'한 기업은 그리 많지 않다. 이 회사는 2024년 12월 기준 비트코인 유통량의 약 2%에 달하는 38만 개를 보유하고 있으며, 세계 최대 비트코인 보유 기관으로 알려져 있다.
반복적인 비트코인 매입 소식에 이 회사의 주가는 크게 급등했다. 2023년 1월 16달러 수준에 거래된 마이크로스트래티지 주가는 2024년 12월 20일 기준 무려 364.20달러에 달했다. 보유 자산이 상당수 비트코인인 탓에, 이 회사의 주가와 비트코인 가격 간에는 유사한 가격 흐름이 나타나고 있다.

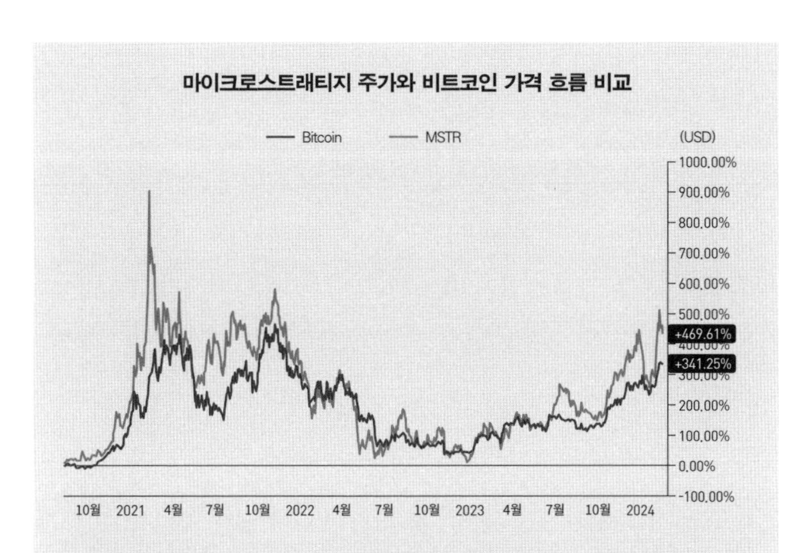

마이크로스트래티지 주가와 비트코인 가격 흐름 비교

마이크로스트래티지는 늘 고평가 논란에 시달린다. 이 회사가 보유한 비트코인을 제외한 기타 자산에 대해 제대로 된 가치 산정을 하기 어렵기 때문이다. 문제는 이뿐만이 아니다. 추후 비트코인에 큰 조정이 발생한다면 이 회사의 기업 가치 역시 크게 하락할 가능성도 있다. 결국 마이크로스트래티지는 기업 경영을 통해 주주 가치를 증대하는 것이 아니라, (코인 등) 디지털 자산의 가치 변동에 의존하고 있는 셈이다.

투자하는 것이다. 회사의 자산이나 주식을 담보로 전환 사채를 발행한 뒤 이 돈을 기반으로 비트코인을 사는 기업도 있다.

기업이 비트코인을 보유하는 목적은 무엇일까? 중장기적 관점에서 코인의 가치가 오를 것이라는 기대감이 대표적이다. 심지어 '빚투'까지 활용해 비트코인을 매입하려는 기업도 있다. 그 회사는 바로 미국의 마이크로스트래티지다. 현금을 대량 보유한 중소기업이라면 이 회사처럼 비트코인의 대량 매입에 관심을 가질 수 있다.

비트코인 매입이 목적이 아니라 순수하게 '자금 조달'을 목적으로 코인을 활용하는 경우도 있다. 그것은 바로 '초기 코인 공개'를 뜻하는 ICO(Initial Coin Offering)다. 이는 코인을 판매해 자본을 모으는 방법으로, 주로 스타트업이 활용하는 방식이다. 기존의 IPO(Initial Public Offering)는 신생 기업이 주주 주식이나 신규 주식을 공개해 자금을 모으는 방식이지만, ICO는 기업이 주식 대신 '코인'을 공개한다.

ICO는 자국 투자자를 대상으로 하는 IPO와 비교했을 때 전 세계 투자자를 대상으로 자금을 유치할 수 있다. 또한 IPO에 비해 규제가 덜 까다롭다 보니 투자기관 입장에서는 보다 편리하게 시드 금액을 조달할 수 있다는 장점이 있다.

한국 기업도 코인의 '디지털 자산화'가 가능할까?

앞서 우리는 해외 기업의 코인 매입, 코인 공개를 통한 자금 조달 등 다양한 측면의 민간 활용 사례를 살펴보았다. 방식은 일부 다를 수 있지만, 한국 기업도 이러한 방식의 디지털 자산 활용이 앞으로 가능해질 전망이다.

과거 우리나라 기업은 미국 등과 달리 법인의 코인 거래가 원칙적으로 금지되었다. 구체적인 법령과 제도가 존재하진 않았지만, 앞서 2017년 금융위원회가 법인의 가상자산 거래를 금지하겠다고 밝힌 이후 은행에서 법인의 가상자산 거래를 위한 실명 계좌 개설을 허용하지 않았던 것이다.

그러나 2025년 2월, 정부는 기존 입장을 선회해, 앞으로 법인의 가상자산 거래를 단계적으로 허용하겠다는 뜻을 밝혔다. 같은 해 2분기에는 현금화 목적 거래를 허용하고(1단계) 이후 하반기에는 투자·재무 목적 거래(2단계)를 시범 허용한다. 궁극적으로는 일반 법인의 거래가 전면 허용된다는 것이 정부의 계획이다.

다만 금융위원회는 "가상자산 연관성, 예상 리스크 등을 기준으로 법인별로 허용 우선순위를 설정하되, 자금세탁 및 이해 상충 방지 등을 위한 충분한 보완 장치가 필요하다"는 단서를 달았다. 일단은 이번 조치가 법인 거래의 전면 허용이 아니라 조건부 허용이라는 것이다. 이는 일부 법인의 자금 세탁, 그리고 시장 과열에 따른 금융권 리스크 전파를 정부가 우려하는 것으로 해석할 수 있다.

ETF와 STO 등 코인과 금융의 융합 사례

국내외로 다양한 코인 관련 규제가 존재하지만 이 시간에도 코인은 다양한 형태로 자산과 융합하고 있다. 비트코인 현물·선물·커버드콜 ETF(이하 ETF), 그리고 실물자산과 융합하는 STO(증권형 토큰)가 대표적인 사례다. 미국에 상장된 ETF를 먼저 살펴보자.

코인 기반의 ETF는 현물·커버드콜 ETF에 비해 '선물 ETF'의 역사가 더 길다. 2021년 10월, 미국 증시에 상장한 BITO ETF가 대표적이다. 프로쉐어즈(ProShares)가 출시한 이 상품은 2023년 이래 비트코인 선물 거래에서 발생하는 수익을 매달 배당 형식으로 지급하고 있다.

미국 커버드콜 ETF 역시 큰 인기를 얻고 있다. 미국의 최대 코인 거래소인 코인베이스를 추종하는 CONY, 비트코인 ETF를 추종하는 YBIT가 대표적이다. 커버드콜 ETF는 주식이 일정 비율 이상 오를 경우 상승분에 대한 수익을 포기하는 대신 프리미엄을 지급받는 상품이다.

두 상품군(선물·커버드콜)은 주식의 배당락과 동일하게 배당 시 가격이 떨어질 수 있다. 쉽게 말해, 단순 수익률로만 치면 현물을 따라잡지 못할 수 있다는 얘기다. 매달 높은 배당을 지급하는 초고배당주로 알려져 있지만 정작 높은 비용(분배금) 탓에 비트코인 상승장에서는 크게 재미를 보지 못할 수 있다.

2024년 1월에는 미국 SEC 승인으로 IBIT, FBTC, ARKB 등 11개 현물 비트코인 ETF가 상장한 바 있다. 같은 해 11월에는 비트코인에 우호적인 도널드 트럼프 전 대통령이 당선되면서 큰 자금이 유입되었다. 이에 '기초자산'인 비트코인이 2억 원을 돌파할 수 있다는 전망까지 나올 정도다.

반면에 우리나라는 비트코인 선물 및 커버드콜 ETF의 중개는 허용되지만, 비트코인 현물 ETF의 발행 및 중개는 금지되고 있다. 이는 금융당국의 비트코인 현물 ETF의 발행 및 중개 행위가 금융기관의 가상자산 보유·매입·담보취득·지분투자 금지 등의 기존 방침과 배치된다는 이유 때문이다. 다만 비트코인 선물 ETF의 중개 자체는 가능하다. 이 ETF의 기초자산이 '비트코인 현물'이 아니라 '비트코인 파생상품'이어서다.

이외에 미술품이나 부동산 등 실물 자산에 블록체인 기술을 결합해 발행하는 증권형 토큰(STO)에 대한 관심도 커지는 추세다. STO는 상장기업을 거래하는 IPO, 코인에만 투자하는 ICO와 달리 다양한 실물 자산과 연동해 투자한다. 코인처럼 화폐로 쓰이지는 않지만, 실물자산을 위주로 거래 비용을 크게 낮춘다는 장점이 있다. 투자자의 접근성이 높아지고, 환금성도 좋기 때문이다. 경영 컨설팅 회사인 커니(Kearney)에 따르면 국내 STO 시장은 오는 2030년까지 약 370조 원, 국내 GDP 대비 약 15%까지 성장할 전망이다.

- 대장주에서 인프라 코인까지:
  알아두면 유용한 핵심 코인들
- 스테이블코인: 결제수단 대안인가, 투자가치 자산인가?
- 밈코인: 재미 뒤에 숨은 변동성
- NFT: 디지털 소유의 새로운 패러다임
- 토큰증권(STO): 조각투자 시장의 개막

CHAPTER 5

코인 시장 이해하기

시장을 알면 기회가 보인다

코인이 새로운 유망 투자수단으로 급부상하고 있다. 국가나 중앙기관의 통제를 받지 않는 탈중앙화 결제수단이라는 철학적 사명을 안고 등장했던 비트코인은 이제 글로벌 금융시장에서도 하나의 자산군으로 인식되고 있다. 그리고 도지코인(Dogecoin)이나 시바이누(Shiba Inu) 같은 밈코인(Meme Coin)은 처음엔 장난스럽게 시작되었지만, 커뮤니티의 열광과 대중의 주목을 받으며 시가총액 수십조 원대의 자산으로 성장했다.

NFT(Non-Fungible Token) 역시 디지털 자산 시장의 중심에 자리 잡고 있다. NFT는 예술작품, 게임 아이템, 음원, 심지어 SNS 게시물에까지 디지털 소유권을 부여함으로써 수많은 크리에이터와 투자자에게 새로운 기회를 제공했다. 한때 일부 유명 NFT 컬렉션은 개당 수억 원에 거래되며 투기적 열풍을 일으키기도 했다. 이후 거품이 꺼지며 가격은 조정되었지만, 디지털 희소성과 소유의 개념을 시각화하는 혁신을 이루었다는 점에서 NFT의 실험은 여전히 주목받고 있다.

한편 실물자산에 대한 조각투자도 토큰화 기술을 통해 현실화되고 있다. 원래 분할 소유가 불가능했던 부동산, 미술품, 음원 저작권, 심지어 한우까지 자산으로써 블록체인 기술을 통해 토큰 단위로 나누어 투자할 수 있게 되었다. 이는 자산의 유동성을 획기적으로 높이는 동시에, 일반 투자자들도 소액으로 고가의 자산에 투자할 수 있는 기회를 제공한다는 점에서 금융의 민주화라 불릴 만한 변화다.

5장에서는 코인, NFT, 토큰증권 각각의 기술적 배경과 함께, 현재의 투자가치와 향후 성장 가능성을 다각도로 분석해볼 것이다. 전통 금융과 디지털 자산이 교차하는 지점에서, 우리는 지금 새로운 투자 패러다임의 문턱에 서 있는지도 모른다.

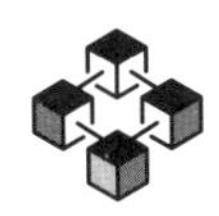

대장주에서 인프라 코인까지: 알아두면 유용한 핵심 코인들

잠재적 투자자의 관점에서 볼 때, 코인 시장을 이해하는 데 있어 더 신중하고 냉철한 접근이 필요하다. 이미 어느 정도 자산을 형성했거나, 안정적인 재무 기반을 원하는 시기인 만큼, 단순한 호기심이나 '한 방 대박'보다는 구조와 흐름을 파악하며 안정적인 전략을 세우는 것이 현명하다.

비트코인 및 비트코인 이외를 통칭하는 알트코인에 대한 개념, 기술적인 부분은 시중에 출판된 코인 및 블록체인 관련한 도서에서 자세히 소개하고 있다. 따라서 여기에서는 비트코인과 알트코인의 개요 및 투자가치를 중심으로 설명하고자 한다.

비트코인(BTC)
대장주의 의미와 한계

2008년 9월 15일 리먼브라더스가 파산한 다음 달, 사토시 나카모토라는 필명의 개발자가 쓴 9페이지 백서가 최초의 분산원장 기반의 코인의 탄생을 알렸다. 그 이름은 비트코인이다. 이 백서는 중앙은행의 무분별한 화폐 발행, 그리고 유동성 공급으로 인해 금융시장에 거품이 형성되고 인플레이션이 만연해 있음을 비판하면서, 당사자 간 금전 거래 및 송금 등의 모든 결제가 가능한 새로운 화폐를 만들었다며 다음과 같이 밝혔다.

"저는 신뢰할 만한 제3자인 중개자가 전혀 필요없는, 완전히 당사자 간에 1대 1로 운영되는 새로운 전자화폐 시스템을 연구해오고 있습니다."

달러를 기축통화로 한 현재의 화폐시스템의 문제점을 해결하기 위한 제안으로, 비트코인은 탈중앙화 시스템을 갖추고 있다. 이것의 핵심은 '이중지급 금지'다. 이중지급이란 동일한 자산이 다수의 수신자에게 동시에 전송되는 것이다.

탈중앙화의 핵심인 분산원장 제안은 예전부터 있어왔지만, 시스템으로 실현하지 못했을 뿐이다. 그러나 비트코인은 블록체인 기술을 통해서 이중지급 금지 기능을 도입했다.

한편 비트코인의 총량을 2,100만 개로 제한하며 보상(코인의 암호

양자컴퓨터가 비트코인의 암호를 쉽게 해독할 수 있을까?

2024년 12월 9일, 구글이 최신 양자컴퓨터 칩인 Willow를 출시했다고 발표했다. 양자컴퓨터의 발전은 인공지능 발전과 함께 인류의 생산성을 획기적으로 향상시킨다는 점에서 환영할 만한 일이다. 그런데 비트코인을 비롯한 코인 우량주들의 가격은 Willow의 출시를 알린 이후 일제히 급락했다(비트코인 가격이 전일 대비 3.76% 하락). 그 이유는 무엇일까?

구글에 따르면 현재 가장 빨리 연산을 처리한다는 슈퍼컴퓨터 프론티어가 1025년이 걸리는 연산을, Willow는 불과 5분 이내에 처리한다. 또한 일반 컴퓨터가 0과 1의 비트 단위로 처리하는 반면, Willow 칩과 같은 양자컴퓨터는 0과 1을 동시에 갖는 큐비트 단위로 처리, 저장한다. Willow는 105개의 큐비트를 보유하고 있다. Willow 발표일에 비트코인 가격이 하락한 것은, 이러한 연산처리 능력이 비트코인의 해시함수를 빠른 시간 안에 풀어 복호화해 이것의 보안을 침해할 것을 투자자들이 우려한 탓이다.

그러면 양자컴퓨터가 머지 않은 날에 비트코인 등 코인의 해시함수를 풀어 암호를 해독할 수 있을까? 유니버설 퀀텀 연구진에 따르면 비트코인 블록 생성 주기인 10분 안에 맞춰 암호를 해독하려면 약 19억 큐비트가 필요하다고 말했다.

현재 Willow의 큐비트로는 비트코인 암호를 복호화하는 것은 불가능에 가깝다고 한다. 또한 블록체인은 카멜레온처럼 외부 환경의 변화에 빠르게 대응해왔으며, 양자컴퓨터 기술을 이용한 암호화 해독 방지 프로그램 개발(양자컴퓨터 내성 체계)을 서두르고 있다.

결론적으로, 현재 양자컴퓨터 기술 발전으로 비트코인 등 코인의 베일을 한꺼번에 벗기는 '괴물'화는 기우라고 할 수 있으며, 양자컴퓨터 칩의 기술이 발전하는 동시에 블록체인의 보안을 위한 기술 발전도 주목해볼 현상이다.

를 해독해 채굴에 성공할 경우 지급받게 되는 비트코인 수)을 주기적으로 반으로 줄이는 '반감기'의 특성을 가지고 있다.

그런데 비트코인이 백서를 통해서 처음 소개된 후 지금까지 화폐의 3대 기능, 즉 교환, 저장, 가치안정 모두를 갖춘 대안화폐로서의 역할을 했을까? 물론 엘살바도르, 중앙아프리카공화국과 같이 비트코인을 법정화폐로 인정하는 국가도 있다. 그러나 이 나라에서 법정화폐와 관련한 뉴스기사는 비트코인이 대안화폐로서 안정적으로 국민들 사이에서 잘 사용되고 있다는 소식이 아니다. 그보다는 '엘살바도르 대통령, 법정화폐 변경 도박 통했다'라는 다소 투기적인 측면에서의 기사가 더 많은 것이 사실이다.

대표 알트코인 탐구

각기 다른 기능과 투자 포인트

이더리움(ETH): 블록체인 인프라 제공자

비트코인은 분산원장 원리를 활용한 최초의 탈중앙화 코인이라는 의의를 가지지만, 치명적인 2가지 단점을 가지고 있다. 첫째, 너무 느리다. 비트코인의 블록생성 속도는 블록당 약 10분에 달한다. 비트코인의 수요가 증가하는데 비트코인의 생성 속도는 느리다는 점은 대안화폐로서의 기능 중 하나인 빠른 거래처리가 어렵게 된다는 것을 의미한다. 둘째, 거래 기능 이외에 추가 기능이 없다.

따라서 비트코인의 핵심인 블록체인을 활용한 분산원장 기술을 바탕으로 블록생성 속도를 빠르게 하고 블록체인 기술을 본격적으로 다양한 분야에 적용할 수 있는 기술이 필요하게 되었다. 이러한 배경에서 나온 코인이 '이더리움'이다.

이더리움은 블록체인을 활용해 애플리케이션을 개발하거나 새로운 상품을 발행하는 등의, 블록체인 세계에서의 '인프라' 역할을 담당하고 있다.

블록체인 기반 애플리케이션 등을 개발할 때 그 바탕이 되는 네트워크를 '메인넷(Main net)'이라고 하며, 이더리움은 메인넷의 '큰 형님' 격이라고 할 수 있다. 실제 이더리움의 시가총액은 약 678조 원으로, 가상자산 시장에서 비트코인에 이어 2위 규모다.

이더리움에서의 특징은 크게 2가지가 있다. 우선 '이더'라고 불리우는 이더리움 생태계의 코인은 이더리움 내부의 암호 연료이며, 거래수수료(또는 가스)를 지불, 또는 채굴 시 보상 수단으로 쓰이는 암호화폐다.

그리고 이더리움 네트워크에서 스마트 컨트랙트(Smart Contract) 작성이 가능하다. 현실에서는 서로 계약을 맺을 때 오프라인에서 종이를 출력해서 서로의 계약 조건을 적고, 수정할 사항이 있으면 해당 조건에 두 줄을 긋고 양자가 인감을 찍고 수정을 하는 등 번거롭고 관리가 어렵다.

반면 스마트 컨트랙트에서는 위변조가 어려운 블록체인 세계에서 서로의 조건을 전산으로 입력하고 이를 확인하는 간단한 절차만 거치면 된다. 또한 수정 조건이 있다면 기존 노드에 추가로 프로그램을 통해 수정 조건을 적용해 새로운 계약을 맺을 수 있다. 위에서 언급했던 다양한 탈중앙화 기반 애플리케이션들은 스마트 컨트랙트를 통해서 그 조건을 맞춤형으로 설정해 만들 수 있다.

리플(XRP): 초고속 국제 송금, 이슈는 중앙화

리플의 주요 기능은 실시간 결제, 디지털자산의 수탁, 스테이블코인 제공이다. 이 중 다수가 주목하는 기능은 바로 실시간 결제다. 현재 국내/국제 송금 시스템은 금융기관이라는 중앙시스템을 중심으로 송금자와 수신자가 서로 결제하는 시스템이다. 특히 국제 송금시스템은 스위프트(Society for Worldwide Interbank Financial Telecommunications, SWIFT)라는 표준 프로토콜을 이용해 송금한다. 이 과정에서 송금시간, 송금수수료가 적잖게 발생한다.

리플은 스위프트를 대신하는 매개체가 되어 송금자와 수신자 간 거래를 몇 초 내에 완료할 수 있으며, 수수료도 스위프트를 이용한 송금체계 대비 매우 저렴하게 책정했다. 리플은 국내 투자자들의 투자비중이 가장 높은 코인이기도 하다.

백서에 의하면 리플은 분산원장에 의한 합의로 속도가 지연되는 것을 방지하기 위한 목적의 합의 프로토콜이다. 이를 해결하기 위해 분산화가 아닌 리플 프로토콜이라는, 리플을 운영하는 리플랩스에서 직접 통제하는 중앙화된 시스템이다. 분산원장을 통한 거래에서 문제점으로 드러나는 정확성(Correctness), 합의(Agreement), 유용성(Utility) 문제를 리플 프로토콜을 통해 해결하고 속도를 빨리했다는 것이 핵심 내용이다.

탈중앙화 기반이 아닌 리플랩스에 의한 사업이라는 점에서, 리플은 미 증권거래위원회, SEC와 오랜 법적 소송을 이어가고 있다. 즉 리플은 탈중앙화 코인이 아니라 리플랩스에 의해 송금서비스를 제공 및 수익을 얻는 '투자계약증권'이라고 해석한 것이 발단이 되어, 2018년 이후 2024년 12월까지 오랜 소송을 이어나가고 있다.

솔라나(SOL): 빠른 거래 속도로 확장성 확보

현재 존재하는 수많은 탈중앙화 기반 애플리케이션도 마찬가지다. 이더리움을 메인넷으로 하는 토큰(코인은 자체 메인넷을 가지고 있는 가상자산을, 토큰은 자체 메인넷이 없이 기존 메인넷을 이용해 만들어진 가상자산을 의미한다)들은 거래량이 기하급수적으로 증가하거나, 이더리움 기반 블록체인 서비스들의 MAU가 폭증할 때 거래나 서비스 속도가 급격히 느려지는 단점을 보이기 시작했다. 이러면 복잡한 기능성보다는 필수적인 기능만 탑재한 가벼운 메인넷이 필요하게 된다. 이러한 배경에서 나온 것이 '솔라나'다.

솔라나의 초당 거래처리 속도(Transaction per Second, TPS)는 이론상 최대 65,000 TPS로 이더리움의 119 TPS보다 훨씬 빠르다. 따라서 트래픽이 증가하는 탈중앙화 애플리케이션들은 솔라나를 메인넷으로 한 경우들이 증가하고 있다. 현재 솔라나의 시가총액은 약 156

조 원 수준으로, 가상자산 중 5위 규모다.

솔라나가 거래속도를 증가시킬 수 있는 주요 원인은, 기존 분산 원장의 합의 방식인 PoW(Proof of Work, 작업증명 방식)나 PoS(Proof of Stake, 지분증명 방식)가 아닌 거래역사 증명 방식인 PoH(Proof of History)를 사용한다. 즉 앞선 2가지 증명 방식이 노드 간 합의 방식이라는 메커니즘에서 자칫 합의에 이르는 속도상의 장애가 일어날 수 있다는 단점을 가지고 있다.

반면에 PoH는 블록체인상의 거래가 언제 발생했는지를 암호화해 기록하는 방식으로 모든 노드가 동일한 시간 개념을 갖게 한다. 거래 순서를 미리 정의할 수 있기 때문에 시간 순서에 따른 합의 과정을 간소화시킬 수 있다.

체인링크(LINK): 오라클 기술로 온·오프체인 연결

미국 경제지표 중 가장 주목하는 물가지표는 소비자물가지수(Consumer Price Index, CPI)다. 그런데 CPI는 발표일 기준으로 전월말일 기준의 지표다. 즉 1개월 후행 지표를 보고, 때로는 시장이 열광하고 때로는 실망해 주가와 채권금리에 영향을 주는 것이다. 만약 물가지표가 일별 발표를 할 수 있다면, 보다 의미 있는 경제지표로 각광을 받을 수 있다.

이러한 배경 아래 실시간 경제지표를 공표하는 미국의 트루플래이션(Truflation)은 블록체인 기반의 오라클 기술을 바탕으로 오프라인의 정보를 실시간으로 CPI 항목별 데이터를 반영해 실제 일별

CPI 지표를 발표하고 있다.

Truflation과 협업해 위 서비스를 제공하는 오라클을 지원하고 있는 기업이 바로 체인링크(Chainlink)다. 블록체인은 검증된 데이터만 처리한다. 즉 블록체인 내 온체인(on-chain) 데이터만을 검증하는데, 블록체인 밖에 있는 오프체인(off-chain) 데이터와는 소통할 수 없다는 단점을 가지고 있다.

이때 오프체인 데이터가 온체인상으로 들어오게 하려면 오라클 기술이 필요하다. 이때 오라클은 외부 데이터 자료를 요청, 검증, 증명 및 이를 온체인에 정보를 전달하는 레이어(Layer)를 의미한다. 이 오라클 기술에 기반한, 가장 규모가 큰 코인이 체인링크다. 현재 체인링크의 시가총액은 약 26조 원이다.

Chainlink 2.0 백서를 통해서 체인링크는 오라클 네트워크가 스마트 컨트랙트를 위한 빠르고 안정적이며 기밀을 유지하는 범용 연결 및 오프체인 연산을 제공해, 기존 및 신규 블록체인을 보완하고 향상시키는 역할을 할 것임을 밝혔다. 그리고 이를 담당하는 것은 탈중앙화 오라클 네트워크(Decentralized Oracle Network, DON)다. DON의 기본 작동방식은 다음의 그림과 같이 기본적인 오라클 기능을 실현할 수 있는 방법, 즉 오프체인 데이터를 컨트랙트에 전달하는 방법이다.

여기에서 '실행 파일(executable)'은 어댑터(adapters)를 이용해 오프체인 데이터를 가져오며, 이를 계산한 뒤 또 다른 어댑터를 통해 대상 블록체인으로 결과값을 전송한다. 이 어댑터는 DON 내에서

DON 개념도

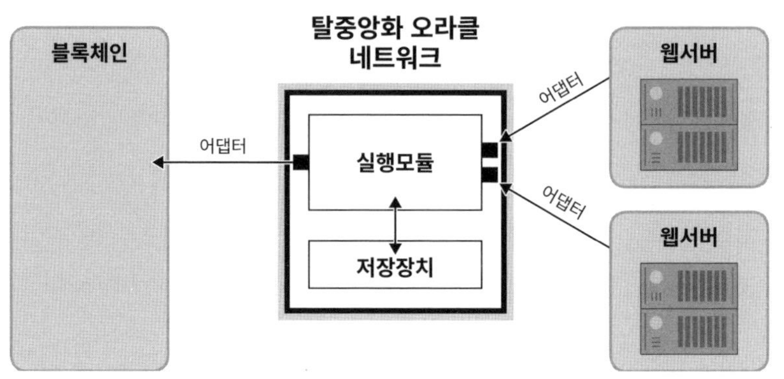

출처: Breidenbach, L., Cachin, C., Chan, B., Coventry, A., Ellis, S., Juels, A., ... & Zhang, F. (2021). Chainlink 2.0: Next steps in the evolution of decentralized oracle networks. Chainlink Labs, 1, Page 8

실행되는 코드에 의해 작동하며, 도식에서는 실행모듈에 붙어 있는 작은 상자로 표시되어 있다. 화살표는 이 특정 예시에서 데이터 흐름이 어떤 방향으로 진행되는지를 나타낸다.

실행 파일은 단순히 데이터를 전달하고 계산하는 것뿐만 아니라, 로컬 DON 저장소(local DON storage)에 데이터를 읽고 쓰는 작업을 통해 상태를 유지하거나 다른 실행 파일들과 통신할 수도 있다. 이러한 유연한 네트워킹(networking), 계산(computation), 저장(storage) 기능은 DON 내에 모두 구현되어 있으며, 이를 통해 기존에 없던 다양한 새로운 애플리케이션이 가능해진다.

투자전략 가이드

규모 분석부터 금리·정책 변수까지

코인별 규모

비트코인은 가상자산계의 대장주, 즉 투자가치가 있는 자산으로 성장했다. 시가총액을 기준으로 2024년 12월 기준 한화로 3천조 원에 육박하는 규모다. 이는 코인 중에서는 부동의 1위, 전 세계 모든 투자자산 규모에서는 7위다. 삼성전자의 시가총액이 335조 원 규모인 것을 볼 때 비트코인의 규모가 얼마나 큰지를 알 수 있다. 그 뒤를 이어 이더리움, 리플, 그리고 다음 장에 설명할 스테이블코인의 대장주 테더 등이 있다.

상위 10개사 코인 시가총액 현황(단위 : 조 원)

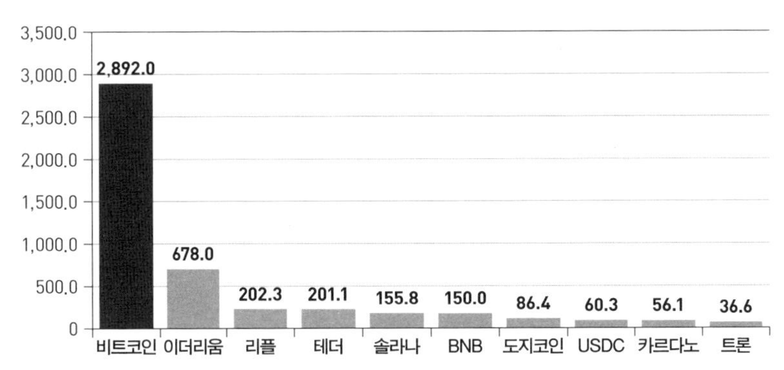

주: 2024년 12월 13일 기준

출처: 코인베이스 내 데이터로 재편집

코인의 금융상품화

앞서 살펴본 주요 코인의 시가총액이 단기간에 커지면서, 개인뿐만 아니라 법인, 기관투자자들이 관심을 갖는 대체투자 상품으로 각광을 받기 시작했다. 즉 코인의 금융상품화를 주목해야 한다. 비트코인 및 이더리움은 이미 시카고 상품거래소(CME)에 선물 및 옵션 거래가 허용되었고, 이어서 비트코인, 이더리움 선물을 기초자산으로 한 ETF(Exchange Traded Fund)가 출시되었다. 그리고 캐나다, 영국, 미국 등 주요국에서 비트코인 현물을 기초자산으로 한 ETF가 출시되면서 본격적으로 기관투자가들이 투자를 하기 시작했다. 이로 인해 거액의 투자가 가능하다.

투자 수요가 늘어나니 가격이 상승 추이를 보이는 것은 당연한 현상이다. 트럼프 대통령의 친코인 정책과 함께 다음의 언론 기사에서 보듯 리플과 솔라나 현물을 기초로 한 ETF 승인을 미국 증권거래위원회(SEC)가 검토하고 있다는 소식에 두 코인의 가격이 상승했다. 이는 향후 상품을 만드는 자산운용사의 해당 코인 투자 수요가 증가할 것이라는 기대감을 높이는 대표적인 예다.

뿐만 아니라 증권법 적용을 받는 해당 금융상품의 경우 투자자 보호가 강화되어 안심하고 거래할 수 있는 환경이 조성될 것이다. 그런 점에서 기관 및 개인투자자들의 참여가 늘어날 것이라고 기대할 수 있다.

리플, 솔라나 ETF 관련 기사(일부 발췌)

The SEC's review of Solana and XRP ETFs sparks hopes for regulatory approval, fueling excitement for a potential altcoin market surge

The New York **Stock** Exchange (NYSE) has filed an application with the U.S. Securities and Exchange Commission (SEC) to convert Grayscale's Solana Trust into an Exchange-Traded Fund (ETF), mirroring the strategy it used for its Bitcoin ETF. This move aligns with a growing trend of applications for altcoin ETFs, including recent filings for XRP-focused products by firms like WisdomTree, VanEck, and 21Shares.

Grayscale's Solana ETF aims to provide institutional investors a safer, regulated way to invest in Solana (SOL) through a spot ETF listed on a national exchange. If approved, Solana would become the third cryptocurrency with institutional investment opportunities in the U.S., following Bitcoin and Ethereum. Solana's price has already reacted to the news, jumping nearly 5% in one day.

출처: FXStreet, 'SEC weighs Solana and XRP ETFs: Altcoin boom ahead?', 2024. 12. 4

뉴욕증권거래소(NYSE)가 그레이스케일(Grayscale)의 솔라나 트러스트(Solana Trust)를 상장지수펀드(ETF)로 전환하기 위해 미국 증권거래위원회(SEC)에 신청서를 제출했다. 이는 비트코인 ETF를 위해 사용했던 전략을 따르는 것으로, 최근 XRP를 중심으로 한 ETF 신청과 마찬가지로 알트코인 ETF에 대한 관심이 증가하고 있는 추세와 맞물려 있다. WisdomTree, VanEck, 21Shares 등 자산운용사가 최근 해당 XRP ETF를 신청했다.
그레이스케일의 솔라나 ETF는 기관 투자자들에게 솔라나(SOL)에 투자할 수 있는 더 안전하고 규제된 방식을 제공하는 것을 목표로 하고 있으며, 이를 통해 미국 내 주요 거래소에 상장된 현물 ETF로 제공될 예정이다. 만약 승인된다면 솔라나는 비트코인과 이더리움에 이어 미국에서 기관 투자 기회가 제공되는 세 번째 암호화폐가 된다. 이 소식이 전해지자 솔라나의 가격은 하루 만에 약 5% 상승하는 반응을 보였다.

상대가치 투자방법: 비트코인 vs 알트코인

비트코인 및 알트코인의 가격흐름 및 코인 시장에서 차지하는 비중을 비교하면서, 비트코인 기준 가격상승기하에서 어떤 종류의 코인에 투자하는 것이 더 유리한지를 판단할 수 있다. 아래 그림에서 보듯, 일반적으로 알트코인은 비트코인의 수익률과 동일한 방향으로 움직이는 양의 상관관계를 보인다.

여기에 비트코인이 전체 코인 시장에서 차지하는 비중을 나타내는 비트코인 도미넌스(Bitcoin Dominance) 지표를 관찰한다. 만약 비트코인 도미넌스가 정점에서 하락을 보이면서 코인이 전반적으로 상승세를 보인다면 알트코인에 기회가 생길 것이다.

비트코인과 알트코인 간의 상대강도지수는 다음에 나오는 그림과 같이 코인마켓캡에서 제공하고 있다. 50을 기준으로 그 이상이

비트코인 및 이더리움 가격 추이(2014. 12 ~ 2024. 12)

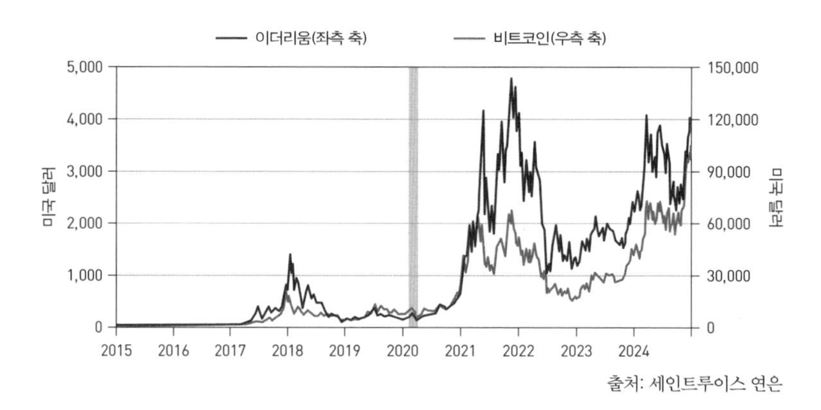

출처: 세인트루이스 연은

면 알트코인이, 그 이하면 비트코인이 강한 국면이라고 해석할 수 있다.

이 두 그림에 따르면 2024년 12월 기준 비트코인과 알트코인 가격이 지속적으로 상승하고 있다. 최근 3개월간 알트코인의 상승강도가 비트코인 대비 강했으며, 정점을 찍고 내려가는 모습을 보인다. 즉 가격상승기에서 비트코인의 가격 상승 모멘텀이 알트코인의 그것에 비해 높다고 판단한다.

코인마켓캡 알트코인 시즌 지수(2024. 9~12)

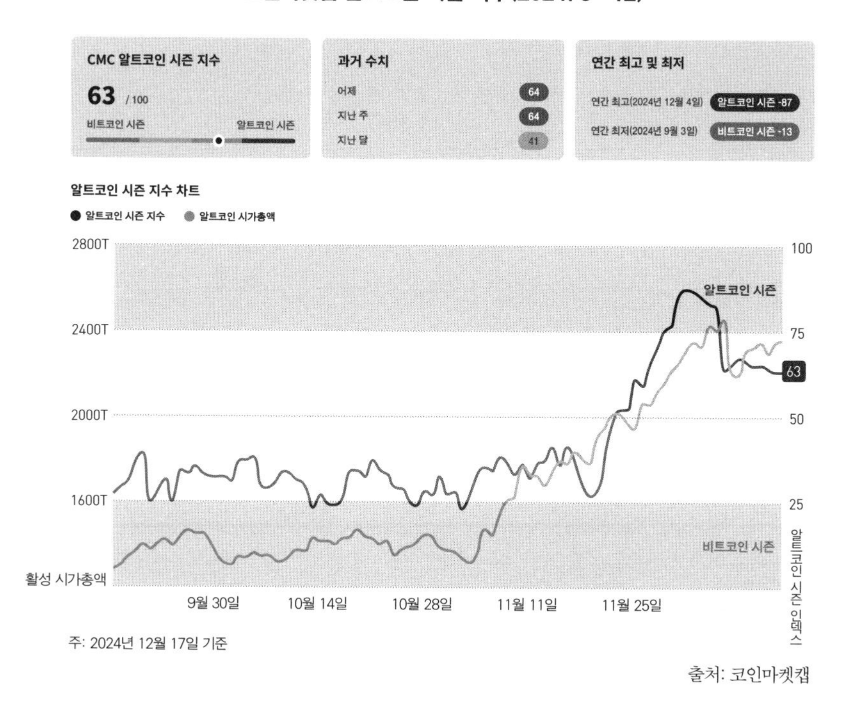

주: 2024년 12월 17일 기준

출처: 코인마켓캡

금리 및 경제지표

코린이인 신명기 씨는 2024년 7월 20일, 우연히 구글링을 하다가 리플의 가격이 앞으로 10달러까지 올라갈 것이라는 기사를 보고 무작정 매수가 902원에 1천만 원어치를 업비트를 통해 매수한다. 무조건 10달러, 한화로 1만 4천 원까지 갈 것이라는 믿음에 명기 씨는 1천만 원이 1억 5천만 원이 될 꿈에 부풀어 있다. 그런데 어느 날부터 가격이 급락하기 시작하면서 2024년 8월 5일 국내 영업시간 중에 600원 선이 깨진다. 그날 명기 씨는 친구들과 머리가 깨지도록 과음을 하게 된다.

이 사례에서 말한 '어느 날'은 2024년 7월 31일 일본 중앙은행에서 기준금리를 0.25% 인상한 날이고, 이어 2024년 8월 2일 미국 고용지표가 예상치보다 훨씬 저조하게 나온 날이다.

리플 가격 흐름(2024. 8. 3~8. 6)

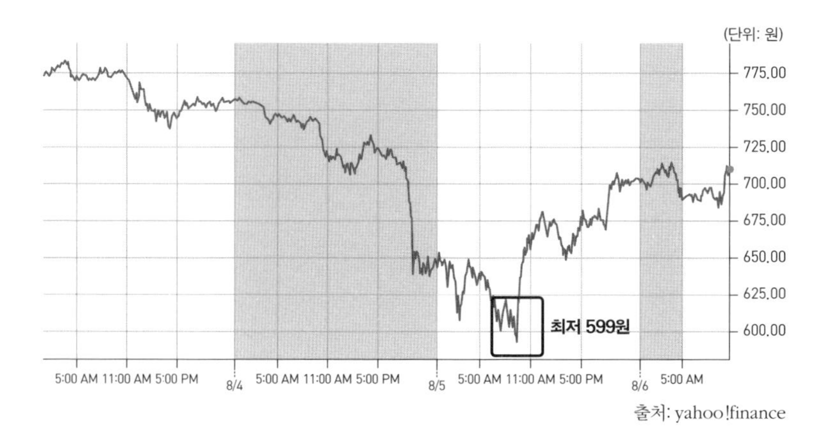

출처: yahoo!finance

미국 기준금리 추이(2022. 1~2024. 12)

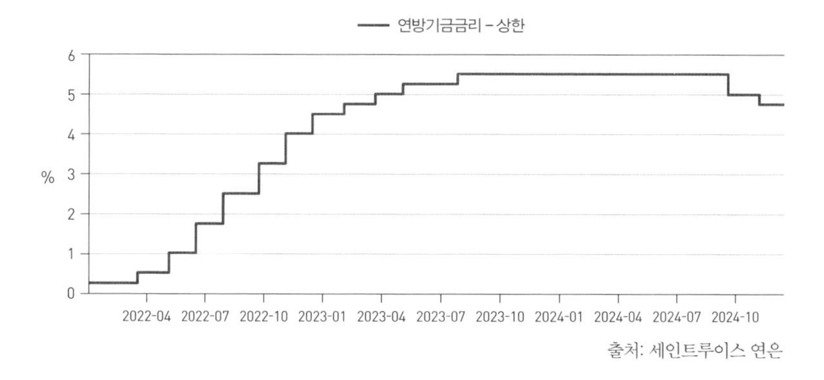

출처: 세인트루이스 연은

앞선 일본 중앙은행의 기준금리 인상은, 투자자들이 이전에는 금리가 낮은 일본 엔을 빌려서 코인과 같은 위험자산에 투자하는, 이른바 '엔 캐리 트레이드'가 성행했는데 금리가 올라가니, 우선 빚부터 갚고 보자는 심리가 강해 코인을 팔고 빚을 갚는 '앤 캐리 트레이드 청산'이 발생한 것이다.

그리고 미국 고용지표는, 비농업 분야 신규고용자 수 기준으로 시장 예상치(17.6만 명) 대비 훨씬 낮은 11.4만 명에 그치면서 '이거 경기가 불황국면으로 가는 거 아냐?'라는 심리가 강하면서 미국 달러, 국채와 같은 안전자산으로 돈이 몰리게 된 계기가 되었다.

그러면 어떤 환경에서 코인과 같은 위험자산에 수요가 몰릴까? 위의 예와 같이 금리가 하락하는 경우 채권과 같이 수익 확정형 상품의 수익률이 떨어지면서 이를 대체할 투자수단을 찾게 되며, 이 과정에서 주식, 코인 등의 가격이 상승한다.

가격 상승 시기에 동참하기 위해 일부 투자자들은 돈을 빌려 위험자산에 투자하려는 수요가 증가한다. 2025년 4월에 미 중앙은행인 연방준비위원회(이하 연준)는 2024년 9월부터 12월까지 기준금리를 인하했으며, 트럼프 대통령의 보편 및 상호관세 부과로 글로벌 경기가 불확실한 상황에서 추가 금리인하 카드를 검토하고 있는 것으로 알려져 있다. 코인 가격의 반등의 신호다.

그리고 경기전망, 특히 미국의 전망이 낙관적이어야 한다. 트럼프 대통령 취임 후 코인 가격 하락을 피할 수 없었던 이유는, 당초 기대와 달리 코인에 대한 별다른 획기적인 정책이 발표되지 않았을 뿐만 아니라, 관세 부과에 따른 글로벌 경기침체 우려가 커졌기 때문이다.

그러나 관세가 협상용이라는 시각이 우세하고 앞으로 감세, 각종 규제완화 등으로 반전을 꾀할 것이라는 전망이 우세하다. 미국의 고용시장은 여전히 강하고 GDP 성장률도 유럽, 일본, 한국 등의 주요 선진국 대비 높다. 미국은 인공지능 시장을 주도하고 있으며 이로 인한 생산성 증가로, 우려와 달리 미국 경제는 당분간 호조를 보일 것으로 본다. 코인 시장의 반등을 내다보는 주요한 이유다.

트럼프 시대: 친암호화폐 정책 및 규제 완화 기대

마지막으로 트럼프 대통령의 친암호화폐 정책 기대감이 여전히 존재한다. 2025년 3월 7일 트럼프 대통령은 비트코인을 전략비축자산으로 지정하는 행정명령에 서명했다. 물론 시장 기대처럼 연방정부가 직접 비트코인을 매입하는 내용은 없었으나, 연방정부 및 각 주

정부가 보유한 비트코인 자산을 함부로 매각하지 못하게끔 하는 것 자체가 시장에 공급량을 줄여 가격을 상승시키는 요인이다.

이와 함께 코인과 관련한 규제 완화 기대감도 커지고 있다. 대표적인 코인 규제론자였던 게리 갠슬러가 트럼프 대통령 취임일에 맞춰 SEC 의장직에서 내려온 것이, 정책 변화의 신호탄이었다. 지금은 미국 내에서 비트코인 및 이더리움 현물 ETF를 자유롭게 사고팔 수 있지만, 수년간 갠슬러는 코인의 금융상품화를 적극적으로 반대했던 인물이었다. 비트코인 현물 ETF도, 법원이 제동을 걸었기 때문에 이를 소극적으로 따랐을 뿐이다.

트럼프 2.0 시대 개막과 함께 코인베이스 및 리플의 증권법 위반과 관련한 소송을, SEC가 취하하였다. 당초 투자계약증권에 해당하는지 여부를 두고 SEC와 오랜 기간 소송을 이어온 리플은 앞으로 증권법 규제 없이 자유롭게 고객 및 기관투자가들에게 판매를 할 수 있게 된다. 규제완화 및 소송 취하는 코인이 투자 포트폴리오에 편입할 환경이 조성된 것으로서 장기적인 가격 전망을 밝게 하는 요인이다.

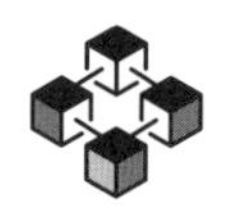

스테이블코인:
결제수단 대안인가, 투자가치 자산인가?

금융의 디지털화가 가속화되면서 스테이블코인은 단순한 결제수단을 넘어 하나의 중요한 금융자산으로 자리 잡고 있다. 블록체인 기반으로 발행되는 스테이블코인은 가격이 법정화폐(주로 미국 달러)와 연동되어 변동성이 낮다는 특징을 갖는다. 이러한 안정성 덕분에 스테이블코인은 글로벌 결제, 송금, 디지털 금융 서비스의 대안으로 주목받고 있으며, 특히 전통 금융 시스템이 불안정한 국가에서는 실질적인 화폐 대체 수단으로도 활용되고 있다.

그러나 스테이블코인은 단순한 결제수단 이상의 역할을 하고 있다. 법정화폐 기반 스테이블코인(USDT, USDC 등)은 가상자산 거래의 주요 유동성 공급원으로 사용되며, 금융기관과 기업들은 이를 활용한 투자 및 자금 운용을 점점 더 적극적으로 고려하고 있다. 또한, 블록체인의 철학을 반영한 가상자산 기반 스테이블코인(DAI 등)과 알고리즘 기반 스테이블코인은 탈중앙화 금융(DeFi) 생태계에서 중요한 역할을 하며, 새로운 금융 구조를 만들어가고 있다.

하지만 스테이블코인의 미래는 여전히 불확실하다. 법정화폐 기반 스테이블코인은 발행사의 신뢰성 문제와 규제 리스크에 노출되어 있으며, 가상자산 기반 및 알고리즘 기반 스테이블코인은 담보 자산의 변동성과 설계상의 한계로 인해 가치 안정성에 대한 의문이 제기된다. 특히 2022년 테라-루나 사태는 알고리즘 스테이블코인의 치명적인 취약점을 드러낸 대표적인 사례로 남았다.

그럼에도 불구하고, 스테이블코인은 디지털 자산 시장에서 중요한 역할을 지속할 가능성이 높다. 글로벌 경제 환경이 변화하면서 투자자들은 안전자산으로서의 스테이블코인의 역할을 다시 평가하고 있으며, 미국을 포함한 주요국의 규제 변화는 스테이블코인의 제도권 편입 가능성을 높이고 있다.

특히 CBDC(중앙은행 디지털화폐)와의 경계가 점차 모호해지면서, 민간 스테이블코인이 기존 금융 시스템 내에서 준(準)통화적 기능을 수행할 여지도 커지고 있다. 이 글에서는 스테이블코인의 기본 개념과 유형, 활용 사례를 살펴보고, 과연 스테이블코인이 결제수단의 대안인지, 혹은 새로운 형태의 투자 자산으로 자리 잡을 수 있을지에 대해 분석해보고자 한다.

결제수단의 대안

스테이블코인

케냐 국적의 음파쿠 씨는 케냐의 수도 나이로비에서 불과 20킬로미터쯤 떨어져 있는 키암부에서 기업형 커피 농장을 운영하고 있다. 그는 커피 재배 후 자국 무역상을 통해 미국, 유럽 등에 소재한 커피회사에 수출을 한다. 매월 한화로 약 30억 원의 매출을 일으키는, 케냐 내에서는 엔비디아 부럽지 않은 대형 농장기업이다.

그는 무역상으로부터 항상 케냐 실링으로 돈을 받는다. 그런데 그는 항상 불안하다. 아프리카의 모든 국가가 정치·경제적 혼란으로 제대로 경제활동을 하기 힘들고, 정국이 불안하니 내가 들고 있는 돈의 가치를 믿을 수가 없기 때문이다. 물론 은행 인프라도 형편없다. 그래서 음파쿠 씨는 그동안 돈의 절반은 케냐 내 외국계은행에 커피농장 이름으로, 나머지 절반은 본인 집의 금고에 보관하고 있다.

그런데 어느 날 무역상이 음파쿠 씨에게 결제 방법에 대한 고민을 털어놓는다.

"미스터 음파쿠, 나도 달러나 유로화를 케냐 실링으로 환전해 당신에게 전해주는 과정이 너무너무 힘들어요. 환전수수료는 수수료대로 비싸고 케냐 실링의 환 변동성이 심해서 똑같은 커피를 정량에 팔아도 나나 음파쿠 씨가 가져가는 돈이 항상 다르잖아요. 그래서 말인데요."

음파쿠 씨는 귀를 쫑긋 연다.

"요즘 블록체인인가 뭔가, 예전과는 전혀 다른 기술이 전 세계에 퍼졌나봐요. 그걸 토대로 만든 가상자산이라고 있는데, 비트코인 같은 거요. 블록체인 기술을 활용하면 돈을 주고받는 속도가 빛의 속도만큼 빠르다고 하더라고요. 그런데 이걸 활용해서 아예 달러 가치와 똑같이 유지할 수 있는 가상자산을 만들었는데, 이걸로 서로 결제하기로 약속하면 쉽게 할 수 있다고 하더라고요. USDT라고 하던가, 달러와 1대 1로 페깅(고정)해서 결제할 수 있다고 하네요."

음파쿠 씨의 담당 무역상이 해외법인으로부터 돈을 받을 때, 그리고 이것을 환전해서 음파쿠 씨에게 송금할 때 그 과정은 매우 복잡하다. 우선 해외법인에 송금할 때마다 여러 절차가 너무 귀찮다. 그리고 송금수수료가 적지 않다. 시간도 오래 걸린다.

그런데 달러 대신 USDT를 받고 이것을 음파쿠 씨가 앞으로 만들, 가상자산 지갑에 '쏘기만' 하면 수수료도 최소화하고 전광석화의 속도로 그의 지갑으로 들어간다. USDT와 같은 스테이블코인이 보편화되어서 믿을 수 있는 결제 및 송금의 대안으로 부상하고 있는 것은 결코 우연이 아니다.

스테이블코인은 국제 결제 분야에서 기존 금융 시스템의 비효율성과 비용 문제를 해소하는 대안으로 주목받고 있다. 다만 이를 위한 필수 전제 조건으로 법적 안정성, 투명한 준비금 관리, 그리고 금융 규제와의 정합성 확보가 선결되어야 할 것이다.

결국 스테이블코인의 지속 가능한 활용은 제도적 기반과 신뢰 확보 여부에 달려 있다고 하겠다.

스테이블코인의 탄생 배경

스테이블코인(Stablecoin)은 영문명과 같이, 코인의 가치가 안정적으로 유지되게끔 기초자산의 그것에 연동되도록 설계한 가상자산의 종류다. 사실 비트코인, 이더리움 등 주요 가상자산을 투자하는 투자자들은 항상 '일희일비'할 수밖에 없다. 워낙 변동성이 커서 가격이 오를 때, 그리고 하락할 때가 너무나도 극적인 경우가 많다. 자산의 변동성이 크다는 것은, 해당 자산을 결제수단으로 사용할 수 없

비트코인(BTC-USD) 및 USDT 가격 흐름(2023. 12~2024. 12)

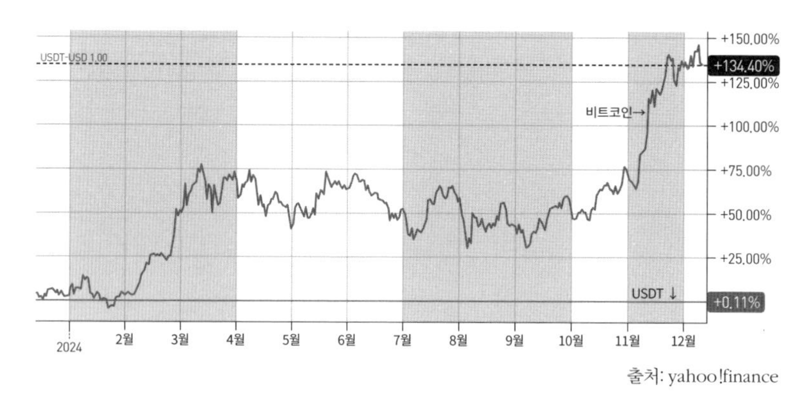

출처: yahoo!finance

다는 의미와 똑같다.

사실 사토시 나카모토라는 필명의 개발자가 비트코인 백서를 세상에 내놓으면서 기대한 것도, 비트코인이 중앙은행의 무분별한 화폐 발행에 대항해 탈중앙화된 생태계에서 노드 간 합의에 따른 안정적인 대체 결제수단의 역할을 하는 것이었다. 그런데 정작 비트코인의 가격 변동성이 크다 보니 실제 이것을 결제수단으로 사용하려던 상점들이 곧 이를 포기하게 된다.

이해하기 쉽게 예를 들면 바하마의 아름다운 해변에서 영업을 하는 한 술집이 있다고 가정하자.

이 술집에서 마티니 한 잔 가격을 1달러 상당의 비트코인 가격으로 책정하고, 비트코인을 상점 주인의 지갑에 송금할 수 있다고 가정했을 때, 점심 때 마티니 한 잔 가격이 0.003비트코인(1BTC당 333.3달러)이다. 그런데 저녁에 들어와보니 그새 비트코인 가격이 폭락해서 이제 0.01 비트코인(1BTC당 100달러)을 내야만 마티니 한 잔을 할 수 있다면, 이 비트코인을 결제수단으로 써야 하겠는가? 여기서 화폐의 가장 중요한 3가지(교환, 저장, 가치안정) 중 가치안정성이 흔들리게 된다.

이러한 문제점을 해결하기 위해, 블록체인의 장점을 활용하면서 가치안정성을 추구하는 스테이블코인이 등장하게 된 것이다. 실제 비트코인과 스테이블코인을 대표하는 USDT의 지난 1년간 가격변동을 보면, 명확하게 변동성의 정도를 알 수 있다. USDT의 가격 변동 추이를 보면 그래프의 x축과 평행한 수평선이라는 느낌이 든다.

스테이블코인이 가상자산 생태계에서 안정적인 결제 수단으로 자리 잡으려면 가치 변동성을 최소화할 수 있는 정교한 준비금 관리 및 투명한 운용 체계가 필수적이다.

특히 법정통화와의 교환 가능성에 대한 명확한 법적 근거와 신뢰할 수 있는 규제 프레임워크 마련은 스테이블코인의 지속가능성을 결정짓는 핵심 요인이 될 것이다.

이러한 조건이 충족될 때, 스테이블코인은 국제 금융 시스템의 신뢰받는 결제 수단으로 자리매김할 수 있을 것으로 기대된다.

스테이블코인의 종류

스테이블코인은 연계된 자산의 종류에 따라 크게 3가지 종류의 스테이블코인이 있다. 바로 '법정화폐 기반, 가상자산 기반, 무담보형'이다.

가장 거래가 활발하게 일어나는 스테이블코인은 법정화폐 기반의 스테이블코인이다. 이 원리는 마치 1944년 미국 달러가 기축통화의 반열에 오르게 된 브레튼우즈 체제에서 1달러당 금 35온스로 고정한 '금본위제'와 같은 원리다. 브레튼우즈에서 달러는 스테이블코인을, 금은 달러 등 법정화폐를 의미한다. 법정화폐 기반의 스테이블코인은 법정화폐와 1대 1로 페깅(고정)된 가상자산을 의미한다. 즉

법정화폐형 스테이블코인 가격 추이(2020. 1~2024. 12)

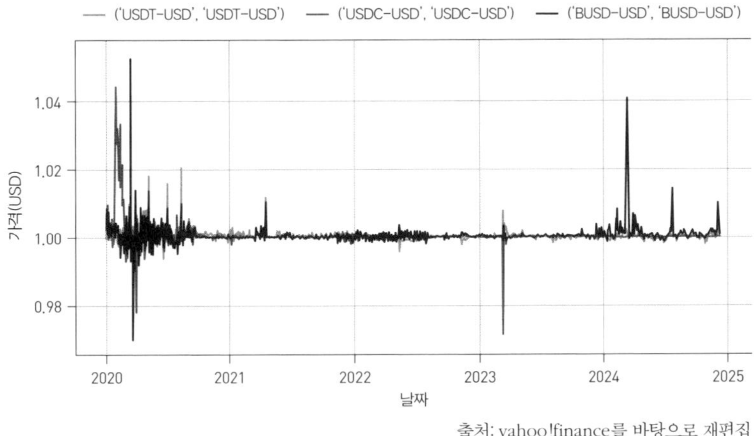

출처: yahoo!finance를 바탕으로 재편집

발행사에 맡기는 달러 가치만큼 스테이블코인을 수취해 각종 결제 수단으로 사용하는 역할을 하게 된다.

대표적인 법정화폐 기반형 스테이블코인으로는 테더 및 골드만삭스의 자회사인 써클(Circle)과 세계 최대의 가상자산 거래소인 코인베이스(Coinbase)가 합작해 만든 유에스디코인(USDC), 그리고 바이낸스가 주도하여 만든 바이낸스USD(BUSD) 등이 있다.

시가총액으로 보면 테더가 198조 원, 유에스디코인이 59조 원, 바이낸스USD가 약 976억 원으로, 테더가 전체 가상자산 시가총액 3위, 유에스디코인이 시가총액 8위 수준이다. 발행 주체는 모두 다르지만, 몇몇 이벤트 상황을 제외하면 가격변동 및 수준은 마치 똑같은 회사 같다. 그 이유는 법정화폐가 동일한 미국 달러이기 때문이다.

가상자산 기반 스테이블코인은 단수 또는 복수의 가상자산을 담보로 발행하는 가상자산이다. 이 역시 달러와 1대 1 페깅을 목적으로 그 가치를 유지하는 것을 목표로 한다. 어차피 달러와 1대 1로 페깅을 하는 스테이블코인이라면, 법정화폐 기반의 그것처럼 실물과 연계하면 되는 것 아니냐는 의문이 든다. 그런데 가상자산 기반의 스테이블코인을 발행하는 이유는 다음과 같다.

가상자산의 기반은 블록체인이다. 블록체인이라는 기술은 분산원장 및 이들을 포함하는 노드 간 합의에 따라 의사결정이 이루어지는 탈중앙화 생태계다.

그런데 법정화폐를 담보로 받는다면, 이를 예치하기 위한 은행, 그리고 감독당국 등 기존의 중앙화 레거시의 영향을 받게 된다. 반면 가상자산을 기반으로 한 스테이블코인의 경우 사전에 정의된 시스템하에서 담보비율, 담보종류, 발행 등이 이더리움 기반 스마트컨트랙트 등으로 탈중앙화된 방법으로 발행이 된다. 이 때문에 블록체인

다이(DAI) 가격 추이(2019. 12~2024. 12)

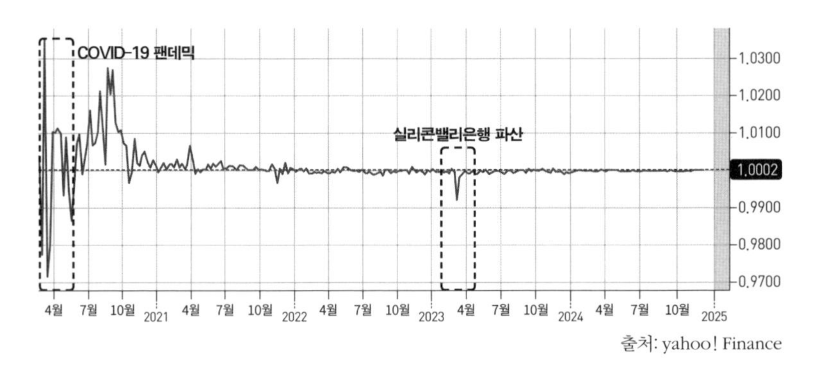

출처: yahoo! Finance

의 철학에 맞게 자유롭게 노드 참여자 간의 합의에 따른 시스템을 유지할 수 있다.

대표적인 가상자산 기반인 스테이블코인으로는 메이커다오(MakerDAO)가 발행하는 다이(DAI)라는 것이 있다(시가총액이 약 7.7조 원). 다이는 이더리움 기반의 가상자산을 담보로 해 발행하는 스테이블코인이다.

그런데 담보로 받는 가상자산 가치의 변동성이 크기 때문에 달러 가치를 유지하기 위해 담보를 달러 가치의 100% 초과하는 비율로 받게 된다. 현재 은행에서 주택담보대출을 해줄 때, 차입자의 신용이 적격하다고 판단된다는 가정하에 LTV(Loan to Value)를 50% 수준으로 유지하기 위해 부동산을 담보로 잡게 된다. LTV의 역수, 즉 200%(1/50%)만큼 초과담보를 취하는 것과 같다.

DAI의 최근 5년간 가격 추이를 보면 비교적 달러와 페깅이 잘 되어 있는 것을 알 수 있다. 다만 2020년에 COVID-19 팬데믹이 발생

UST

스테이블코인인 UST는 교환수단이자 알고리즘 토큰인 루나(LUNA)가 도입된, 듀얼(Dual) 토큰 체제다. '1UST=1달러'를 유지하기 위한 알고리즘은 다음과 같다. 1UST가 1달러 이하일 경우, 1UST와 1달러 가치의 루나를 교환할 경우 루나의 가치가 UST보다 높다. 이 때문에 UST 수요가 많아지는 반면, 루나 발행량이 증가해 UST 가치가 상승하면 루나의 가치는 하락하게 되면서 자연스럽게 '1달러=1UST'를 유지하게 되는 논리다.

했고, 2023년 4월에는 가상자산 운영 주체를 포함한 벤처기업, 벤처캐피탈 등이 유동성 자산을 예치했던 실리콘밸리은행이 파산함으로써 담보인 가상자산 가격도 급락했다. 이로 인해 페깅이 일시적으로 흔들린 적은 있다. 그러므로 스테이블코인의 가치는 '거의' '스테이블'하긴 한데, '항상' '스테이블'하지는 않음을 알 수 있다.

이와 함께 2024년 12월, 리플(XRP)을 담보로 하는 스테이블코인인 RLUSD가 뉴욕주 금융서비스부(New York Department of Financial Services, NYDFS)로부터 발행 승인을 받았다는 소식이 전해졌다. 이로써 새로운 가상자산 기반의 스테이블코인이 곧 거래될 것으로 기대되고 있다.

무담보형 스테이블코인은 특정 알고리즘으로 코인의 공급과 수요를 조정해 달러 등 법정화폐와 1대 1로 페깅하는 원리를 가지고 있다. 그런데 이러한 코인은 지난 2022년 5월, 테라루나 사태로 루나에 투자했던 많은 이들이 엄청난 금전적 피해를 입었다. 필자 역시 알고리즘을 마지막까지 믿었기에 상장폐지 하루 전날 소액 매입했다가 하루가 채 되지 않아 전액 손실로 '전사'했다. 이것으로 무담보형 스테이블코인은 사실상 스테이블코인 세계에서 퇴출되었다고 보면 된다.

왜 스테이블코인인가

비트코인을 포함한 주요 가상자산의 가치는 역사적으로 변동성이 매우 높다. '변동성이 높다'는 말은 때로는 투자자산으로 투자기회를 찾아 돈을 벌 수도 있다는 의미로 해석할 수 있다. 반대로 변동성이 거의 없는 스테이블코인은 투자자산으로는 매력이 없다.

그럼에도 불구하고, 트럼프 정부 출범 후 스테이블코인의 사용량이 증가하고 달러의 위상이 높아질 것으로 기대하고 있다. 실제 트럼프 대통령은 2025년 3월, 뉴욕에서 열린 '디지털 자산 서밋'에서 의회에 스테이블코인을 지원하는 법안[하원의 스테이블 법안(STABLE Bill)과 상원의 지니어스(GENIUS Act)] 통과를 촉구하기도 했다. 디지털 자산 서밋 직후 그의 가족이 지원하는 암호화폐 프로젝트 '월드 리버티 파이(World Liberty Fi, WFLI)'는 USD1이라는 이름의 스테이블코인을 출시했다.

앞서 소개한 리플 기반의 RLUSD 발행 승인처럼, 한 국가의 대통령이 자신과 관련한 회사에서 스테이블코인을 발행할 계획을 가지고 있다는 것은 이에 대한 승인 조건을 완화할 것이라는 의미를 내포한다. 법정화폐 기반이라면 예치해야 할 달러 또는 미 국채의 수요가 높아져서 달러가 강세를 보일 것이다. 가상자산 기반이라면 해당 가상자산의 달러표시 가격이 상승하는 것이며(RLUSD 발행 승인 후 리플 가격은 전일대비 약 7% 상승했다), 달러가 계속 유입된다는 의미다.

결국 스테이블코인의 투자자산으로의 가치는 현재까지 주요 페깅 법정화폐인 달러의 가치 상승에 대한 베팅이라고 말할 수 있다. 그리고 주요 가상자산 거래소에서 USDT, USDC 등이 자유롭게 매매가 가능하며, 이를 바탕으로 다른 가상자산을 사고팔 수 있다. 또한 앞서 케냐의 음파쿠 씨처럼 상거래 수단으로 사용하는 용도 등으로 다양하게 쓰일 수 있다.

스테이블코인 투자방법

위에서 논의한 스테이블코인은 국내 주요 거래소에서 거래가 가능하다. 코인별 상장거래소는 다음 표의 내용과 같다.

국내 가상자산거래소에서 거래를 하기 위해서는 먼저 KYC(Know Your Customer) 절차를 밟아야 한다. 참고로 현재 우리나라 가상자

스테이블코인별 거래 가능 국내상장거래소(원화거래 기준)

구분	USDT	USDC	BUSD	DAI
업비트	○	○	×	×
빗썸	○	○	×	×
코인원	○	○	×	×
코빗	○	○	×	○

출처: 쟁글(xangle.io)

USDT 매수 과정

1. 테더 (USDT) 검색

2. 매수수량 및 가격 세팅/매수주문

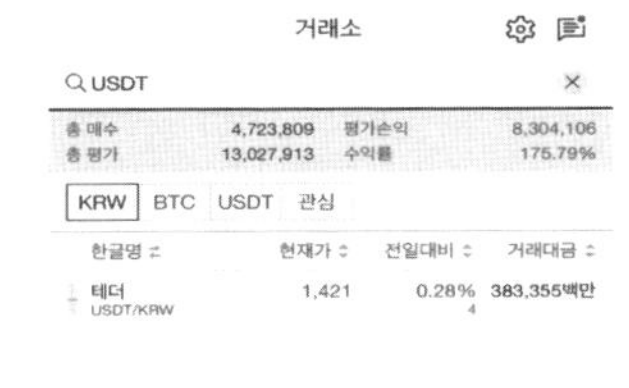

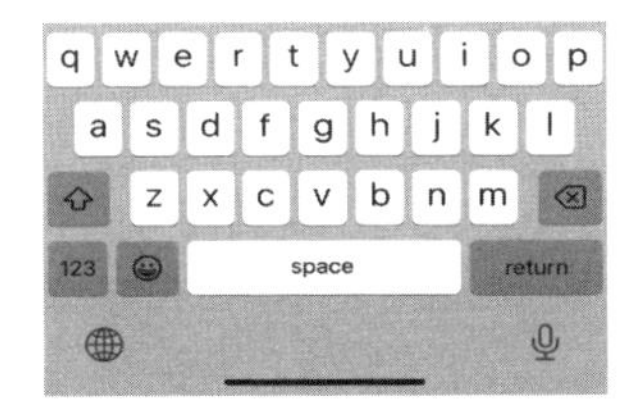

3. 매수주문 완료

4. 체결

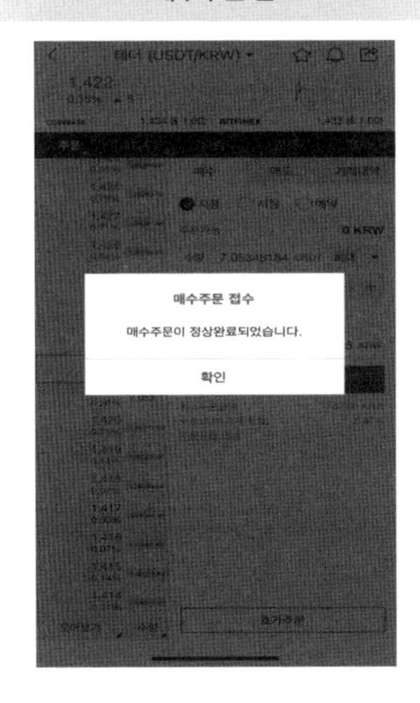

출처: 업비트

산거래소에서는 예치기관(은행) 한 곳과 금전 거래가 연결되어 있다. 거래소와 연결할 은행계좌를 만들기 위한 KYC가 완료되었다는 것을 전제로 앞의 자료와 같은 거래 과정을 거친다.
필자는 트럼프 2기 정부 출범으로 '아메리칸 퍼스트' 전략이 1기 때보다 훨씬 강하게 진행될 것으로 예상한다. 결국 미국 달러가 상승하는 반면에 반도체 불황 및 정치적 혼란으로 당분간 원화 가치가 하락할 것으로 예상된다. 그에 따라 스테이블코인인 USDT를 매수하는 이들이 늘어날 수 있다.

본인명의의 거래소 연계 은행계좌에 현금을 입금한 후, 거래를 하면 가상자산 거래답게 매우 빠르고 간편하게 계약을 체결할 수 있다.

법정화폐와 연계된 스테이블코인은 신뢰할 수 있을 만큼 안전한가?

스테이블코인을 매수할 때 대부분 연계자산인 법정화폐의 안정성에 초점을 맞춘다. 당연하다. 스테이블코인의 가정은 비가 오나 눈이 오나 달러 가치와 연계해 움직이기 때문이다. 그러나 스테이블코인의 발행 주체가 파산을 한다면 어떻게 될까?
예를 들면 증권회사에서 발행하는 금융상품 중 ETN(Exchange Traded Note)이 있다. ETN은 증권사가 신용으로 발행하고 기초자산의 수익에 따라 가치가 변하며 공개된 거래소에서 거래 가능한 만기가 있는 상품이다. 기초자산을 미국 달러와 연동해 그 가치에 따라 투자자들이 손익을 가져간다는 것은, 발행사인 증권사가 만기까지 망하지 않는다는 것을 전제로 한다. 스테이블코인의 발행 주체가 망했을 때, 그들이 보관하고 있는 법정화폐가 안전한지에 대한 부분은 별도로 살펴봐야 하는 이유다.

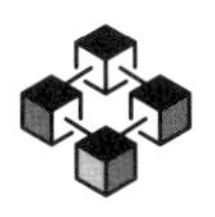

밈코인: 재미 뒤에 숨은 변동성

누군가 "재미로 만든 코인이 100배 오를 수도 있다"고 말한다면 믿을 수 있겠는가? 밈코인(Meme Coin)은 바로 이런 가능성을 품고 있는 코인이다. 인터넷에서 유행하는 '짤'처럼 만들어진 이 코인들은 처음엔 장난으로 시작됐지만, 어느새 수십조 원의 시가총액을 기록하며 투자 시장의 한 축을 차지하고 있다. 특히 도지코인(Dogecoin)과 시바이누(Shiba Inu), 페페(Pepe) 같은 밈코인은 글로벌 커뮤니티의 열렬한 지지를 받으며 기하급수적인 가격 상승을 경험했다. 하지만 그만큼 변동성이 크고, 투기적 성격이 강하다는 점에서 신중한 접근이 필요하다.

밈코인의 가장 큰 특징은 기술적 기반이나 실질적 사용처보다는 커뮤니티의 열광과 트렌드에 의해 가격이 결정된다는 것이다. 일반적인 블록체인 프로젝트와 달리, 밈코인은 백서(Whitepaper)나 기술적 혁신 없이 단순한 유머 요소나 유명인의 언급만으로도 급등락을 반복한다. 대표적인 예가 2021년 일론 머스크의 트윗 한 마디로 도지코인이 폭등한 사례다. 머스크가 "도지코인을 미래의 화폐"라고 지지하자 도지코인은 단숨에 1,000% 이상 상승했고, 이후 그의 발언에 따라 수차례 급등락을 거듭했다. 하지만 이러한 가격 변동은 오로지 시장 심리에 의해 결정되기 때문에, 투자자들은 언제든 큰 손실을 입을 위험을 감수해야 한다.

또한 밈코인은 사기와 '러그풀(Rug Pull, 개발자가 코인을 대량 매도하고 사라지는 행위)'에 취약한 경우가 많다. 2021년에는 전 세계적으로 흥행한 넷플릭스 인기 드라마 〈오징어게임〉을 주제로 한 'SQUID' 코인이 출시되었다. 이 코인은 이름만 보면 〈오징어게임〉 드라마와 관련이 있어 보이지만, 사실 아무 관련이 없었으며 넷플릭스는 이에 대한 해명자료를 내놓기까지 했다. 그럼에도 불구하고 드라마의 인기에 힘입어 해당 코인은 출시 직후 2,500% 넘게 상승했고, 이후 개발자들은 모든 코인을 현금화하며 불과 몇 분 만에 99.99% 폭락하여 많은 투자자들이 피해를 입었지만, 범인들은 잡히지 않았다. 이처럼 투명성이 결여된 프로젝트가 난립하여 높은 가격변동성에 노출되고 있는 만큼, 투자자들은 밈코인 투자 시 프로젝트의 신뢰도를 철저히 검토해야 한다.

그렇다면 밈코인은 단순한 투기 상품에 불과할까? 아니면 진정한 금융 자산으로 성장할 가능성이 있을까? 이 글에서는 밈코인의 역사와 특징, 투자 시 유의할 점 등을 살펴보며 밈코인의 미래를 전망해보고자 한다.

재미로 만든 밈코인, 위험도 재미만큼?

스스로 코인을 만들어볼 수 있다는 생각을 해본 적이 있는가? 미국 달러나 원화는 정부가 찍어내지만, 코인은 아무나 마음만 먹으면 만들 수 있는 시대다. 사토시 나카모토라는 정체불명의 인물이 비트코인을 만들었고, 이더리움이나 리플도 개인이나 단체가 시작했다. 기술만 있으면 누구든 자신만의 코인을 만들 수 있다니, 놀랍지 않은가?

이런 배경에서 탄생한 코인이 바로 '밈코인(Meme Coin)'이다. 여기서 '밈'은 주로 재미있거나 기발한 방식으로 사람들이 공유하고

페페코인, 시바이누코인, 도지코인의 로고(왼쪽에서부터)

출처: 코인마켓캡

퍼뜨리는 콘텐츠를 의미한다.

밈코인은 인터넷에서 퍼지는 '짤'처럼, 재미 삼아 만든 코인이다. 즉 밈코인은 '익명의 전자결제 수단' 등과 같이 주요한 목적을 가지고 만들어졌다기보다는 재미삼아 만들어졌다는 것이다. 처음엔 X(당시 트위터) 같은 SNS에서 창작자에게 팁을 주는 용도였는데, 지금은 상황이 달라졌다.

예를 들어 도지코인은 공급량이 무한대, 시바이누코인(SHIB)은 1경 개, 페페코인(PEPE)은 420조 개나 된다. 엄청난 공급량 덕분에 적은 돈으로도 한 트럭을 살 수 있다. 그러니 빨리 유명해지고 확산되지만, 가격 변동성은 엄청나다.

역사

장난으로 시작해 이젠 장난이 아닌!

최초의 밈코인은 2013년 도지코인(Dogecoin)이다. 당시 소프트웨어 엔지니어였던 빌리 마커스와 잭슨 팔머는 코인 시장이 지나치게 진지하고 복잡다고 생각했고, 비트코인을 패러디해 도지코인을 개발했다. 당시 개발자들은 단순히 재미삼아 시작한 프로젝트가 이렇게 큰 성공을 거둘 줄은 꿈에도 몰랐을 것이다.

2017년 ICO 열풍 때는 밈코인 창작이 더 쉬워졌다. 코인 생성 표준(ERC-20 등)이 등장하면서, 인터넷 커뮤니티나 아무 생각 없는 누군가가 일어나서 "이 이미지로 코인 한번 만들어볼까?" 하면 곧장 코인이 탄생했다. 2022년 엘리자베스 2세 여왕 서거 때 관련 밈코인이 40여 개나 나왔다.

이렇게 여러 밈코인이 소개된 가운데, 일론 머스크가 2021년부터 '도지코인의 아버지'를 자처하며 도지코인을 띄우기 시작했다. 특히 2021년 2월, 머스크는 X(당시 트위터)에 도지코인을 '우리 모두의 코인(Crypto)'이라고 지칭하며 공개적으로 지지했다. 이후에도 그는 도지코인을 꾸준히 옹호했다. 특히 2024년 11월, 일론 머스크는 트럼프 대통령 당선 이후 미국 정부효율부 수장으로 임명이 되면서 이 부서의 영문 약자인 DOGE(Department of Government Efficiency)를 거론하며 눈길을 끌었다.

한편 '도지코인 킬러'로 불리는 시바이누코인은 2021년에 등장했으며, 2023년에는 이더리움 기반의 페페코인이 등장해 빠르게 성장했다. 이들 3개 코인은 현재 시가총액 기준으로 주요 3개 코인에 해

코인 생성 표준

코인 생성 표준기술은, 블록체인 플랫폼에서 코인을 만들 때 사용되는 규격이나 프로토콜을 의미한다. 가장 대표적인 기술에는 ERC-20(Ethereum Request for Comment 20)이 있다. 코인의 이름, 심볼, 총 공급량 등을 정의하며 전송, 잔액조회, 승인 등 기본적인 기능을 제공한다.

일론머스크가 X에 2021년 2월 도지코인을 공개적으로 지지한 글

출처: X

당한다. 2024년 12월 기준 가장 시가총액이 높은 밈코인은 도지코인, 시바이누코인, 페페코인이다. 각각 시가총액이 약 85조 원, 20조 원, 15조 원이다.

현재 밈코인은 인터넷 문화와 소셜미디어의 영향을 받아 빠르게 진화하고 있다. 할리우드 영화배우 윌 스미스의 아카데미 폭행 사건

이나 미국 대선 등을 소재로 한 밈코인이 소개되는 등 초기의 단순한 패러디에서 벗어나 다양하고 창의적인 내러티브를 선보이고 있다. 뿐만 아니라 도지코인 같은 밈코인이 전체 코인 시장에서도 시가총액 기준으로 10위권 이내에 들어오는 등 코인 생태계 안에서 차지하는 위상도 크게 변화했다.

귀엽다고 샀다간, 계좌도 작고 소중해질 수 있다

밈코인은 주로 귀여운 이미지와 유행에 맞는 소재로 투자자들의 관심을 빠르게 끌지만, 변동성이 크다. 2023년 5월 출시된 페페코인은 출시 이후 몇 주 만에 2,000% 상승했지만 이후 한 달 만에 80%가 하락하기도 했다. 밈코인은 기술과 같은 내재 가치보다는 커뮤니티의 관심과 트렌드에 의해 움직이는 경우가 많아 가격 예측이 어렵다.

또한 대부분의 밈코인은 실질적 효용이 없기 때문에 빠르게 사라지는 편이다. 블록체인 게임 순위 제공업체인 체인플레이(Chainplay)에서 발간한 '2024년 밈코인의 현황'이라는 보고서에 따르면, 밈코인의 평균 수명은 겨우 1년으로, 일반적인 프로젝트 수명의 3분의 1에 불과한 수준이라고 한다.

게다가 밈코인에는 사기 사건도 빈번하게 발생한다. 예를 들어 넷플릭스 역대 최고 조회수를 기록했던 〈오징어게임〉을 소재로 한 코

〈오징어게임〉 코인 가격 추이

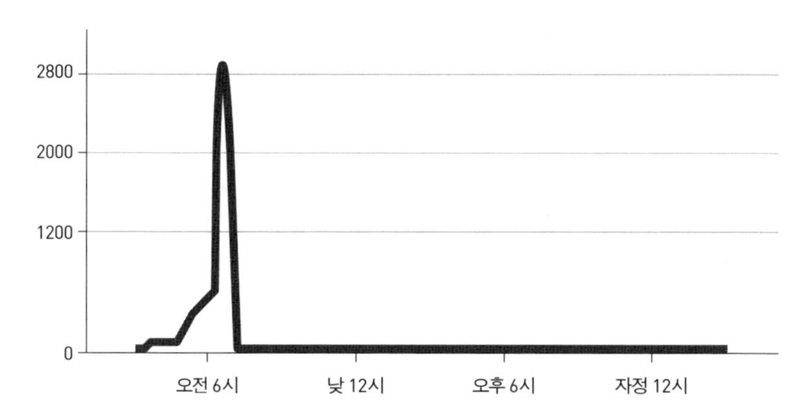

인은 2021년 거래가 시작된 지 5일 만에 약 2,500% 상승한 2,861달러를 기록했으나 이후 불과 5분 만에 99.99% 추락한 0.0008달러로 내려앉아 투자자들에게 큰 손실을 안겨주었다. 이 코인은 코인 개발자가 보유 코인을 모두 현금으로 교환해 가치를 떨어뜨리는 '러그풀(Rug Pull)' 수법의 사기를 저지른 것으로 알려졌다.

밈코인으로 인한 피해를 줄이기 위해서는 밈코인을 출시한 프로젝트의 정보, 로드맵, 백서 등을 꼼꼼히 검토해서 신뢰도를 확인해야 한다. 또한 지나친 광고로만 주목받는 코인은 단기적인 가격상승 후 붕괴 가능성이 크다는 점도 인지하고 있어야 한다. 무엇보다 중요한 점은 FOMO(Fear Of Missing Out)로 성급하게 투자하는 실수를 피해야 한다는 것이다.

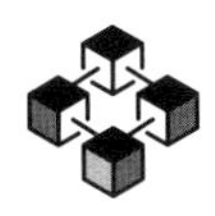

NFT:
디지털 소유의 새로운 패러다임

디지털 자산을 '소유'한다는 개념이 처음 등장했을 때, 많은 사람들은 고개를 갸웃거렸다. 인터넷에서 무료로 볼 수 있는 이미지나 동영상을 굳이 비싼 돈을 주고 구매해야 할 이유가 있을까? 하지만 2021년, 디지털 아티스트 비플(Beeple)의 NFT 작품 '매일: 첫 5000일(Everydays: The First 5000 Days)'이 무려 780억 원에 낙찰되면서, NFT(대체불가능토큰, Non-Fungible Token)는 전 세계적으로 주목받는 기술이 되었다. 이를 계기로 수많은 기업과 예술가들이 NFT 시장에 뛰어들었고, 크립토펑크스(Cryptopunks)나 BAYC(Bored Ape Yacht Club) 같은 NFT 컬렉션이 수천만 원에서 수억 원을 호가하며 투자자들의 관심을 모았다.

NFT는 단순한 디지털 아트의 소유권을 넘어, 게임 아이템, 음악, 부동산, 멤버십 서비스 등 다양한 산업에서 활용되며 새로운 디지털 경제 모델을 창출하고 있다. 특히 블록체인 기술을 기반으로 하기 때문에 소유권이 명확하게 기록되고, 거래 내역이 위변조될 가능성이 적다는 점에서 혁신적인 기술로 평가받고 있다. 하지만 NFT 시장은 단기간에 거품이 형성되었고, 2022년 가상자산 시장의 하락과 함께 급격한 침체를 겪었다. 이로 인해 NFT는 한때의 유행으로 끝날 것이라는 회의적인 시각도 존재한다.

그러나 NFT는 단순한 투기 상품이 아니라, 디지털 소유권과 자산 거래의 새로운 방식이라는 점에서 여전히 의미 있는 기술이다. 지금은 과열된 시장이 가라앉은 시기지만, 오히려 NFT 기술이 실질적으로 활용될 수 있는 기반을 다질 수 있는 기회일지도 모른다. 이 글에서는 NFT의 개념과 역사, 활용 사례, 그리고 투자 전략까지 살펴보며, NFT가 단순한 유행이 아닌 디지털 경제의 필수 요소로 자리 잡을 수 있을지 고민해보고자 한다.

언뜻 보기엔 이해가 안 가는 NFT시장

'NFT'라고 하면 머릿속에 당장 2가지 이미지가 떠오른다. 크립토펑크스(Cryptopunks)와 비플(Beeple)의 '매일: 첫 5000일(Everydays: the First 5000 Days)'이다.

NFT에 문외한인 사람도 크립토펑크스의 생김새는 한 번쯤은 본 적이 있을 것이다. 복고풍의 디지털 아트를 연상시키는 단순한 픽셀

'NFT' 라고 하면 당장 떠오르는 2가지 이미지

크립토펑크스(Cryptopunks)	비플(Beeple) '매일: 첫 5000일 (Everydays: the First 5000 Days)'

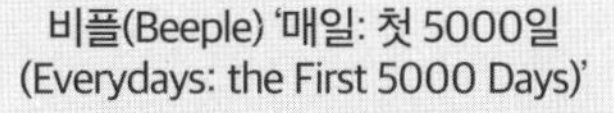

출처: theverge.com, beeple-crap.com

그래픽의 캐릭터들은 모히칸 헤어스타일, 담배, 모자, 안경, 수염, 귀걸이 등 다양한 액세서리의 속성을 바탕으로 독특한 외형을 가지고 있다.

이러한 캐릭터들이 가장 먼저 떠오른 이유는 이들의 귀엽고 독특한 외형 때문만은 아닐 것이다. 더 구체적으로 말하자면 이해가 가지 않아서일 것이다. '픽셀 캐릭터를 780억 원에 판다고? 미친 거 아냐?' 하는 생각이 들기 때문이다.

그런데 미쳤다며 혀를 찰 사람들도, 만약 2017년의 크립토펑크스를 공짜로 받았다면 지금쯤은 이런 생각보다는, 이번 휴가에는 돈을 어떻게 써야 할지 고민하고 있을지 모른다. 한때 무료로 나눠주던 크립토펑크스 NFT가 지금은 평균 41ETH(이 글을 쓰는 시점에 약 2억

3천만 원)에 거래되고 있으니 말이다.

크립토펑크스는 NFT의 N자만 나와도 열광했던 코로나 시기 훨씬 전인 2017년, 캐나다인 소프트웨어 개발자 맷 홀과 존 왓킨슨으로 구성된 라바랩스(Larva Labs)라는 팀에서 실험적으로 만든 이더리움 기반의 가장 오래된 NFT 프로젝트다.

당시에는 NFT에 대해 아는 사람이나 관심 있는 사람이 많이 없었기에 이들은 1만 개의 서로 다른 토큰(크립토펑크스 캐릭터라고 생각하자)을 발행하고도 9천 개를 무료로 사람들에게 배포했다. 그리고 2024년 12월 말, 크립토펑크스의 토큰은 NFT 붐이 한 차례 지나갔음에도 불구하고 평균 41ETH에 거래되었다.

비플(Beeple)의 '매일: 첫 5000일(Everydays: the First 5000 Days)'은 2021년 글로벌 경매회사인 크리스티 경매에서 6,930만 달러(당시 한화로 약 780억 원)에 낙찰되면서 화제를 일으킨 NFT 작품이다. 웹디자이너로 활동했던 비플(본명 마이크 윈켈만)은 일러스트레이터 톰 저드의 〈매일 드로잉 프로젝트〉에서 영감을 받았다. 톰 저드는 1년간 매일 한 작품씩 드로잉을 완성했는데, 이에 자극을 받은 비플은 2007년 5월부터 13년 동안 단 하루도 빠짐없이 디지털 아트를 제작하며 자신만의 프로젝트를 이어갔다.

코로나로 모든 것이 멈추었던 2020년 하반기, NFT가 블록체인을 기반으로 하는 기술이라는 이유로 수많은 코인 투자자들에게 관심을 받기 시작했을 때 그는 기회를 틈타 자신의 시리즈 중 일부를 NFT로 발행해 NFT 거래소 플랫폼인 니프티 게이트웨이(Nifty gateway)에 올렸다.

그 후 작품의 상업성을 알아본 크리스티가 그가 13년간 그렸던 디지털 작품 5천 점을 콜라주해서 하나의 파일로 만들어 경매에 올릴 것을 제안한 것이다. 13년의 피땀눈물이 780억 원으로 보상받을 것을 비플은 예상이나 했을까? 이를 보면 역시 인생은 타이밍이 올 때까지 '존버'하는 것만이 답이 아닐까 싶다.

크립토펑크스 토큰과 비플의 작품, 이 둘 사이엔 공통점이 있다. 언제든지, 누구든지 인터넷에서 볼 수 있고, 심지어 컴퓨터에 저장까지 가능한 '디지털 이미지'라는 것이다.

그럼에도 누군가는 거액의 돈을 주고 이 디지털 이미지를 구매하고 있다. 언뜻 보기에는 이해가 안 되는 이 시장에서 우리는 어떤 투자 기회를 잡을 수 있을까?

NFT란 무엇인가? 대체불가능? 용도는?

NFT(Non-Fungible Token), 구글 검색을 하면 '대체불가능 토큰'이라는 설명이 수십, 수백 개다. 하지만 그 모든 설명들이 정말 100% 이해가 되는가? 첫째, '대체불가능'은 무슨 의미인가? 둘째, 인터넷에서 공짜로 캡처할 수 있는 이미지 소유권이 무슨 쓸모가 있단 말인가? 이 두 질문은 NFT를 처음 접했을 때, 그리고 개념을 알아갈 때

필자가 가장 납득이 되지 않는 부분이었다. 질문에 대한 답을 설명하면서 NFT에 대해 알아가보자.

본격적으로 들어가기에 앞서 꼭 먼저 설명해야 할 것이 있다. NFT 또한 코인과 같이 블록체인 기술을 기반으로 작동한다는 점에서, 그리고 투자에 이용된다는 점에서 NFT에 대한 설명이 이 책에 포함되었지만 NFT는 코인처럼 실체가 없는 자산이 아니라 '기술'이다. 따라서 우리가 흔히 NFT 시장이라고 부르는 시장은 정확하게 말하면 NFT가 소유권을 증명한 디지털 콘텐츠 거래 시장으로 보는 것이 옳다. 오픈씨(Opensea)나 업비트 NFT, 코빗 NFT와 같은 NFT 거래소에서 이루어지는 것은, 정확하게 이야기하면 NFT 기술을 활용한 디지털 콘텐츠 거래다. NFT는 디지털 콘텐츠(예술) 산업에 블록체인이 소유권 증명과 거래를 위해 활용되는 것일 뿐이다.

일단 NFT가 블록체인 기술을 기반으로 작동되기 때문에 디지털 콘텐츠의 소유권을 증명할 수 있다는 것은 얼추 이해가 간다. 누군가가 NFT 기술을 결합해 콘텐츠를 생성 또는 전송, 구매, 판매 및 기타 작업을 수행할 때마다 모든 활동은 블록체인에 기록되며, 이것이 소유권 인증을 가능하게 하는 핵심적인 원리다.

그렇다면 NFT는 무엇이 '대체불가능'하다는 것일까? NFT는 각 토큰의 고유번호가 블록체인 기술 안에 기록되어 어떠한 NFT도 다른 NFT로 대체될 수 없다는 점에서 코인과 구별된다. 예를 들어 당신이 가지고 있는 1ETH은 어떤 면에서도 당신의 친구가 가지고 있는 1ETH과 다르지 않다. 따라서 당신이 그 친구에게 "네가 가지고 있는 1ETH을 내 것과 바꾸자"고 이야기해도(왜 그런 부탁을 하는지 의문은 갖겠지만) 바꿔줄 것이다. 그러나 NFT 기술을 이용할 경우 똑같은 사진이더라도 다른 NFT에 걸려 있다면, 이 둘은 서로 다른 것이 된다.

쉽게 말해, NFT 콘텐츠 각각이 하나의 예술품이라고 볼 수 있다. 같은 가격대라 할지라도 내가 가진 예술품 한 점을 남이 가진 예술품과 쉽게 바꾸지 않는다. 모든 작품은 이 세상에 하나뿐인 유일한 존재이며, 고유한 가치를 가지기 때문이다. 따라서 NFT 기술은 디지털 콘텐츠 혹은 디지털 예술작품과 잘 연결된다. 블록체인이 콘텐츠에 대한 기록과 역사를 보존하는 것에 더해, NFT 기술의 대체불가능한 성격이 각각 독특하고 고유한 가치를 가질 수 있도록 만들어주는 성격을 가지고 있기 때문이다.

마지막으로, 디지털 콘텐츠의 소유권이 도대체 무슨 의미가 있을까? 디지털 이미지의 경우(상업적으로 사용하려는 게 아니라면) 언제든지 인터넷에서 캡처하거나 저장할 수 있는데 말이다. 여기서 우리가 이해해야 할 점은 물론 NFT가 디지털 이미지에 가장 많이 이용되는 것처럼 보이긴 하지만 단순히 이미지에만 이용되는 기술은 아니라는 것이다. NFT는 디지털 이미지, 예술품, 사진뿐만 아니라 음악, 영화, 온라인 티켓, 게임 아이템, 심지어 도메인 네임까지 무궁무진하게 이용된다.

예를 들어 NFT 기술을 게임 아이템에 이용한다고 생각해보자. 필자는 소싯적에 메이플스토리라는 게임에 빠진 적이 있다. 방과 후면

집에 와 컴퓨터 앞에 앉아 메이플스토리 안에서 살았던 것 같다.

아마 이 게임을 했던 사람이라면 한 번쯤은 필자처럼 아이템을 거래하다 사기를 당한 경험이 있을 듯하다. 멋모르던 시절, 거래창에 아이템을 올리려고 클릭하는 순간 상대방이 교환 취소를 눌러 땅바닥에 떨어진 아이템을 순식간에 주워 가버리는 사기를 당한 적이 있었다. 세상이 무너질 것 같았고, 그 사람이 너무 미웠던 기억이 아직까지도 생생하다.

그런데 만약 NFT 기술이 있었다면, 그래서 그 아이템이 나의 소유라는 것이 명확하게 시스템에 기록되어 있었더라면, 바닥에 아이템이 떨어졌더라도 '○○님의 아이템입니다'라는 공지가 뜨고 그 사람이 함부로 못 가져가지 않았을까? 만약에 가져갔다 하더라도 그 사람을 절도죄로 고소할 수 있지 않았을까?

지금 당장은 디지털 콘텐츠의 소유권을 증명하는 것이 그리 중요한 일처럼 느껴지지 않을 수 있지만 현실 세계에서 어떤 물건이 누구의 소유인지가 중요하듯이, 디지털 세계에서도 소유권 증명을 위해 언젠가는 구현되어야 하는 기술이다. 물론 NFT 기술이 이렇게 활용되기 위해서는 아직 해결해야 할 문제점이 많이 남아 있지만 말이다.

예를 들어, 현재 대부분의 NFT는 단순히 소유권 정보를 블록체인에 기록할 뿐, 해당 콘텐츠 자체를 온전히 보존하거나 접근을 통제하지는 못한다. 법적 제도나 플랫폼 간 호환성 부족 등으로 인해 NFT의 소유권이 실제 법적 권리로까지 이어지기엔 아직 갈 길이 멀다.

NFT는 어떻게 활용될 수 있을까?

앞서 언급했듯이 NFT는 디지털 이미지, 예술품, 사진, 음악, 영화, 온라인 티켓, 게임 아이템, 도메인 네임 등 무엇에든 쓸 수 있는 기술이다. 오늘날 NFT가 구체적으로 어떻게 활용되고 있는지 몇 가지 예시들을 살펴보자.

NFT 예술품

NFT 예술품은 드로잉, 회화, 또는 디지털 아트워크와 같은 디지털 예술 작품에 NFT 기술을 이용한 것을 말한다. 따라서 일반 디지털 예술작품과 달리 제작자와 소장자가 누구인지 투명하게 기록된다. 물론 실명을 안다는 것은 아니고, 지갑의 계정을 추적할 수 있다. NFT 예술품은 물리적 예술 작품처럼 수집되거나 판매될 수 있는 디지털 예술의 새로운 형태다. 그러나 실물 예술 작품과 달리 추가적인 활용 가능성이 있을 수 있다.

예를 들어 제작자가 NFT 구매자에게 저작권 또는 상업적 이용 라이선스를 양도한다면, NFT를 소유함으로써 해당 작품을 상업적으로 사용할 수 있는 권리를 얻을 수도 있다. 이는 NFT 프로필 사진 부분에서 더 자세히 이야기하도록 하겠다.

영국의 예술가 데미안 허스트는 자신의 첫 NFT 작품 1만 점을 '경향(The Currency)'이라는 제목의 컬렉션(한 테마를 공유하는 NFT 콘텐츠 모음)으로 판매했다. 이 컬렉션에 포함된 각 작품은 다채로운 색상의 점들을 그린 형태로, 1개당 2천 달러에 판매되었다. 이 작품들은 2016년에 종이에 에나멜 페인트를 사용해 제작되었으며, 각 작품마다 고유한 번호와 제목이 명시되어 있고 허스트의 도장과 서명도 포함되어 있다.

당시에 허스트는 NFT 구매자들에게 물리적 원본을 소유할지, NFT만 남길지를 선택하도록 했다. 그는 구매자들이 NFT를 선택할 경우에는 물리적 원본을 파괴하겠다는 사실을 사전에 알렸다. 이에 구매자 중 4,851명이 NFT만을 선택했고, 허스트는 그들의 선택에 따라 실물 원본 작품을 런던 뉴포트 스트리트 갤러리에서 특별히 마련된 화로에 던져 불태웠다. 이 일련의 NFT 거래 과정은 갤러리를 방문한 사람들이 직접 지켜보는 가운데 진행되었다.

국내에도 비슷한 사례가 존재한다. '진달래 화가'로 국내에서 잘 알려진 김정수 작가가 자신의 작품을 한정판 NFT로 발행하면서 실물 작품을 소각했다. 김 작가는 전시 기준으로 약 9천만 원에 달하는 100호(162cm×130cm) 크기의 대형 작품을 직접 소각하는 퍼포먼스를 통해 NFT의 가치를 부각시키고, 실물 작품과 관련된 저작권 문제를 해소하고자 했다.

NFT 프로필 사진(PFPs)

NFT 프로필 사진, 또는 PFP(Profile Picture)는 주로 소셜 미디어의 프로필 사진이나 아바타로 사용되도록 만들어진 콘텐츠를 말한다.

Pudgy Penguins

출처: 오픈씨 pudgy penguins 페이지 캡처(opensea.io/collection/pudgypenguins)

아마 'NFT' 하면 가장 많이 등장하는 사례일 것이다.

'PFP'라는 단어가 따로 생길 만큼 NFT 시장에서 가장 인기가 많은 것이 바로 프로필 사진 컬렉션이다. 마치 게임 캐릭터를 꾸미면서 그 캐릭터와 나를 동일시하고 애정을 갖게 되는 것처럼, NFT PFP를 소셜 미디어의 프로필 사진에 이용하는 만큼 많은 사람들이 자신을 투영해서 선택하고 구매한다.

따라서 PFP는 인터넷에서 많은 사람들에게 실제 온라인 정체성이 된다. 그들은 단순히 그룹과 동일시하는 것뿐만 아니라, 자신의 아바타와도 강한 정체성을 느낀다.

NFT 프로필 사진은 보통 캐릭터를 기반으로 하거나, 동물의 모습이거나, 인간을 닮은 모습이거나, 추상적인 형태일 수 있다. 가장 유명한 것들로는 Bored Ape Yacht Club(BAYC), Doodles, Cryptopunks 등이 있다. 최근 필자가 가장 눈여겨보고 있는 PFP는 Pudgy Penguins와 Sappy Seals다. 두말할 필요 없이 귀엽기 때문이다.

일부 PFP NFT는 특정 온라인 커뮤니티에 대한 접근 권한을 제공하는 역할을 하기도 한다. 해당 NFT 컬렉션의 보유자는 굿즈 구매 기회는 물론이고 다양한 이벤트, 게임, 그리고 커뮤니티 채널에 참여할 수 있는 멤버십 혜택을 누릴 수 있다. 이러한 활동은 보통 NFT 소유자에게만 허용되며, 외부인이 참여하기 어려운 경우가 많다. 단순히 프로필 사진(PFP) 용도로 사용될 것이라 여겨졌던 NFT가 강력한 네트워킹 도구로 자리 잡은 것이다.

이처럼 멤버십 기능이 포함된 NFT는 커뮤니티의 활발한 참여와 구성원의 역할이 NFT의 가치와 밀접한 연관이 있어 그 중요성이 크다고 할 수 있다.

멤버십 전략의 가장 성공적인 사례로 BAYC를 꼽을 수 있다. BAYC의 NFT 컬렉션은 이를 모르는 사람들에게는 '저런 괴상하고 흉측한 원숭이 이미지를 왜 사는 걸까' 하는 생각을 불러일으키지만, 사실 이 컬렉션의 가치는 폐쇄적인 멤버십에 있다.

BAYC 커뮤니티는 스테판 커리, 포스트 말론, 지미 팰런 등 유명 인사들과 초기 코인 투자자들로 구성되어 있다. 그리고 BAYC 컬렉션의 소유자는 이들과 함께 요트 파티, 클럽, 게임 같은 활동에 참여할 수 있어 멤버십의 매력이 매우 크다.

일례로 BAYC는 NFT 보유자를 대상으로 'Ape Fest'라는 행사를 2021년부터 매년 개최하고 있다. 참고로 2024년에는 포르투갈 리스본에서 개최되었다. 매년 이벤트가 열릴 때까지 많은 세부 사항이 베일에 싸여 있다고 하는데, 이러한 점들이 사람들을 더욱 기대하게 만들고 또 갖고 싶게 만드는 것이 아닐까 싶다.

또한 발행자의 의지에 따라 홀더들에게 저작권과 라이선스를 양도할 수 있는 경우가 있어, 단순히 NFT를 소유하는 것만으로도 강력한 브랜드를 보유하는 효과를 얻을 수 있다. 이러한 특성을 활용하면 유망한 비즈니스 기회를 창출할 수 있으며, BAYC는 이 분야에서도 선구적인 역할을 하고 있다. 실제로 많은 개인 사업가와 기업들이 자신이 소유한 BAYC 컬렉션을 활용해 제품을 제작하거나 사업을 운영하고 있는 것으로 보인다. 대표적인 사례로는 '아디다스'를 들 수 있다.

NFT를 발행해 판매한 아디다스

출처: 아디다스 홈페이지(adidas.com)

아디다스는 2021년 9월, BAYC #8774를 47ETH(당시 약 1억 8천만 원)에 구매한 뒤, 해당 NFT에 아디다스 의상을 입히고 이를 트위터 프로필 사진으로 사용하며 본격적으로 상업적 활용을 시작했다. 이후 'Into the Metaverse'라는 프로젝트를 통해 직접 NFT를 발행했고, 0.2ETH에 총 3만 개의 NFT를 판매해 약 300억 원의 매출을 기록했다.

이는 BAYC 커뮤니티의 특성을 효과적으로 이해하고 활용한 성공적인 사례로 평가된다. 이 프로젝트를 통해 BAYC는 더욱 큰 주목을 받았으며, 아디다스는 NFT 시장에 성공적으로 진입할 수 있었다.

NFT 열풍은 식고, 이제 남은 건 의문과 망각?

2021년 가상자산 시장이 호황을 맞아 코인 가격이 급등하자 NFT 가격 또한 연이어 상승하는 모습을 본 코인 투자자들은 또 다른 버블을 만들고자 NFT 시장에 뛰어들었다. 블록체인 기술을 기반으로 한다는 점에서 많은 코인 투자자들이 NFT 거래에 적극 참여했고, 이로 인해 NFT의 가격과 거래량은 빠르게 증가했다.

더불어 크립토펑크스의 투자자들과 관련 기관들이 유동성을 공급하며 NFT 시장을 새로운 영역으로 확장하려는 움직임도 활발했다. 코인 시장에 이어 또 하나의 성장 가능성이 있는 시장이 열린 것처럼 보였다. 디지털 아트와 콘텐츠를 기반으로 한다는 점에서 단순한 투기성 자산으로 여겨졌던 코인보다 더 건전하고 매력적인 대안으로 받아들여졌다.

하지만 NFT 시장은 더 이상 주목을 받지 못하고 있다. 디지털 아트 시장에 혁신을 가져올 것이라며 폭발적인 성장을 기록했던 NFT는 가격이 급락하며 시장에서 점차 사라졌다.

데이터 플랫폼인 스태티스타(Statista)가 제공하는 그래프를 보면 이더리움 블록체인에서 완료된 NFT 판매의 평균 수와 가치가 2022년 이후 급격히 줄어든 것을 볼 수 있다. 트럼프 대통령의 재취임으로 코인에 다시 관심이 몰린 지금도 NFT에 대한 이야기는 어디에서도 쉽게 찾아볼 수 없다. 많은 사람들이 그렇게나 이슈를 불러일으켰던 신기술을 그냥 잊어버린 것만 같다. NFT 시장은 어쩌다 이렇게 된 것일까?

결론부터 말하자면, NFT 시장에 몰려들었던 다수의 투자자들이 NFT를 단순히 코인의 연장선으로 간주했기 때문이다. NFT가 블록체인 기술을 기반으로 하고 있다는 이유만으로 많은 코인 투자자들이 이를 투기성 자산으로 인식했다. 2021년 코인 시장의 호황이 NFT 열풍으로 이어졌다면, 2022년 코인 시장의 급락은 NFT 시장에도 동일한 충격을 안겼다. 이는 결코 놀라운 결과가 아니다.

뿐만 아니라 세상을 바꾸고자 블록체인 또는 web3를 위해 헌신하는 혁신가들이 아니고서야, NFT 기술에 대한 이해 없이 단순히 투기성 자산으로 인식하고 거래시장에 뛰어든 투자자들은 아무래도

이더리움 블록체인에서 완료된 NFT 판매의 평균 수와 가치

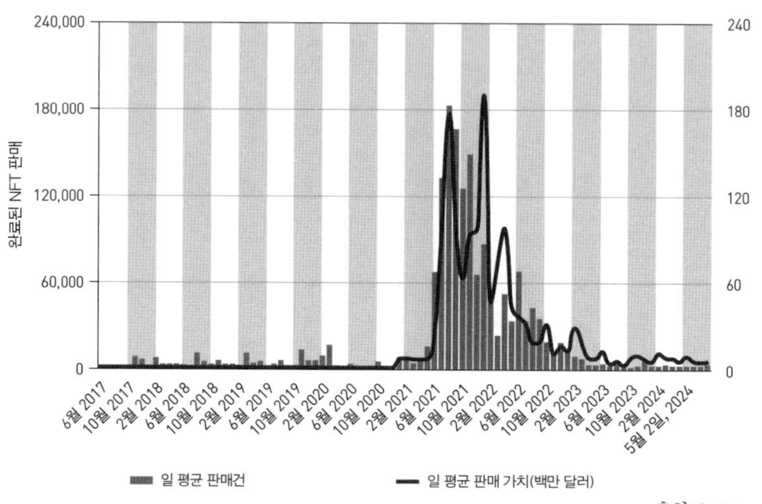

출처: Statista

NFT 기술 혹은 NFT 디지털 자산에 대한 의구심을 가지게 되지 않았을까? '아무리 봐도 그냥 단순 이미지 파일일 뿐인데 이게 뭐길래 이렇게 비싸'라는 생각이 스멀스멀 피어오르지 않았을까? 결국 사람들은 NFT는 더 이상 필요하지 않은 것으로 생각하게 된 것 같다.

이처럼 NFT 기술은 제대로 활용될 수 있는 환경이 갖춰지지 않은 상태에서 지나치게 빠르게 시장이 과열되었다. 기술이 시장보다 앞서 있었고, 많은 사람들은 그것이 정확히 무엇을 가능하게 하는지 이해하지 못한 채 가격만 좇았다. 이대로 NFT 기술과 NFT 콘텐츠 시장은 내리막길을 걸으며 역사 속으로 사라지게 되는 걸까?

이제 조용한 시장, 진짜 기회가 올 수 있다

그러나 필자는 아직 이곳은 기회의 땅이라 생각한다. 기술의 발전은 계속될 것이고, 결국 가상세계로의 이행은 막지 못할 것이다. 그 시기가 도래했을 때 NFT는 꼭 필요한 기술이기 때문이다. 2021년에 비해 거래 규모는 줄었으나 시장은 아직까지 잘 살아 있고, 새로운 기술에 기꺼이 돈을 써줄 부자들과 혁신가들은 여전히 많다.

그러나 NFT에 대해서 뒤늦게 알게 된 후발주자들이 어떻게 이 시장에 뛰어들 수 있을까? 이미 이전에 많은 사람들의 관심을 끌었던 NFT 콘텐츠는 이미 누군가가 소장하고 있거나, 구매하기엔 돈이 아까울 만큼 가격이 많이 올랐다. 수백만 개, 수천만 개나 되는 NFT 콘텐츠 중에서 미래에 어떤 것이 가격이 오를지 아는 것은 노스트라다무스도 울고 갈 예지력이 있어야 가능할지도 모른다.

물론 '순식간에 이 시장에서 큰돈을 벌겠다'는 마음가짐으로 NFT 시장에 발을 들일 것이라고는 생각하지 않는다. 이에 필자는 그들만의 리그가 형성된 NFT 세계에 초심자가 시도해볼 수 있는 2가지 방법을 생각해냈다.

첫 번째는 이미 발행되어 있는 NFT 콘텐츠를 소장자로부터 구매하는 것이 아니라, 크리에이터가 새롭게 NFT 컬렉션을 발행할 때 이에 참여함으로써 첫 소장자가 되는 것이다. 많은 사람들이 NFT 컬렉션이 거래소에서 거래되기 위해서는 제작자가 자신이 만든

NFT 컬렉션을 지갑에 발행한 후에 목록에 올린다고 생각할 수 있다. 그러나 발행의 과정은 제작자뿐만 아니라 일반 대중도 참여가 가능하다. 그리고 오픈씨와 같은 NFT 거래소는 '드롭(drops)'이라는 서비스를 통해 발행 기회를 제공하고 있다. 드롭 이후 제작자를 포함해 발행에 참여한 사람들은 해당 NFT 컬렉션의 최초 소유자로서 직접적인 소유권과 통제권을 가지게 되고, 이를 배포함으로써 특별한 커뮤니티를 형성할 수 있다.

발행(Minting)이란 디지털 콘텐츠를 블록체인에 기록하는 과정을 의미하며, 이를 통해 해당 콘텐츠의 변경 불가능한 진위성과 소유권 기록이 생성된다. 쉽게 말해서 부동산 등기부등본처럼 어떤 콘텐츠의 특성, 성격, 설명, 기타 세부 정도 등이 포함된 등기를 신청·생성하는 것이라고 볼 수 있다.

NFT 드롭을 통해 컬렉터 혹은 투자자는 보통 약 0.0033ETH에서 0.1ETH 정도의 저렴한 가격에 NFT 컬렉션의 고유한 토큰 하나를 얻을 수 있다. 이 때문에 NFT 시장에 첫발을 들이는 시작으로 나쁘지 않다.

다만 발행 가능한 NFT의 수가 제한적일 수 있으며, 구매한 토큰은 무작위로 배정되는 특징이 있다. 이렇게 획득한 NFT 콘텐츠는 마켓에서 자유롭게 거래가 가능하며, 발행가보다 높은 가격에 판매할 경우 수익을 얻을 가능성도 존재한다. 단번에 큰 수익을 얻을 가능성은 현저히 낮지만, NFT 시장에 관심이 있다면 이를 경험해볼 수 있는 좋은 출발점이 될 수 있다.

두 번째 방법은 직접 NFT 컬렉션의 발행자가 되어보는 것이다. 물론 넘쳐나는 NFT 컬렉션에서 눈에 띄고, 이를 통해 돈을 벌기 위해서는 단순한 디지털 이미지로는 쉽지 않다. 앞선 BAYC의 예처럼 멤버십 기반의 커뮤니티를 제공한다거나, 구매자에게 저작권과 라이선스를 제공하는 등의 혜택이 필요할 것이다. 그러나 뭐든 시도해보면 얻을 수 있는 것이 있지 않을까?

첫 시작으로는 오랜 노력과 시간을 들이기보다 AI의 도움을 받는 것도 좋겠다. 생성형 아트 기술을 이용하면 캐릭터의 여러 가지 요소들, 예를 들면 캐릭터가 입고 있는 옷, 장신구, 피부색 등을 쉽게 만들 수 있어서 컬렉션 내에서 끝없이 독창적인 NFT 콘텐츠를 생성할 수 있다. 크립토펑크스 또한 1만 개의 캐릭터를 이러한 방식으로 생성했다. 실제로 시장에서 발행자로 참여해 직접 부딪혀보면서 NFT 시장이 어떻게 돌아가고, 또 어떤 NFT 콘텐츠가 인기를 끄는지 감을 얻는다면 점점 더 사람들의 마음을 사로잡는 콘텐츠를 만들 수 있을 것이다.

생성형 아트(Generative art)는 알고리즘이나 규칙에 따라 만들어지는 예술 작품을 의미한다. 이 과정은 코드나 인공지능을 비롯한 다양한 기술과 기법을 활용해 이루어진다. 창작자는 작품 제작을 위해 색상, 형태, 크기, 움직임 등과 같은 매개변수를 정의하는 규칙을 설정한다. 이러한 규칙이 마련되면, 알고리즘이 이를 바탕으로 이미지나 애니메이션을 생성하게 된다. 생성형 아트는 특정한 예술적 스타일과 디자인을 유지하면서도 독창적이고 희소성이 있는 대규모

컬렉션을 제작할 수 있는 방법을 창작자에게 제공한다.

거래될 때마다 제작자도 수익을 얻을 수 있다는 점도 크나큰 이점이다. 초기 판매 외에 2차 판매 시에도 수익을 받도록 설정한다면 NFT 콘텐츠 제작자는 설정된 창작자 수익을 받을 수 있다.

예를 들어 한 개발자가 다양한 게임에서 사용할 수 있는 인게임 스킨을 제작해 NFT로 발행한다고 하자. 그럼 이 스킨은 인증된 소유권을 가지고 있으며, 개발자가 제작자 수익을 설정했다면 스킨이 사고팔릴 때마다 해당 개발자는 수익을 얻을 수 있다. 참고로 BAYC는 1%, Pudgy Penguins는 5%, V(BTS의 V가 운영하는 것이 아니다)는 5%의 제작자 수익이 설정되어 있다.

NFT 시장의 재도약, 의미 있는 시작을 위해

코로나 시기에 과열되었던 NFT 시장에서 많은 사람들이 빠져나가고 나간 지금이 어떻게 보면 NFT 시장을 재정비하고 제대로 성장할 수 있는 적기가 아닐까 생각한다. NFT 콘텐츠 시장이 이전의 거품을 반복하지 않기 위해서는 NFT가 무엇인지에 대한 대중들의 이해와 합의가 필요하지만 좋은 콘텐츠를 담은 NFT 컬렉션이 거래소에서 유통되어야 할 것이다.

"천리 길도 한 걸음부터"라고 했다. 언젠가 다시 NFT 시장이 활발해지는 시대가 도래했을 때를 위해 지금부터 창작자로서 자신만의 고유한, 의미 있는 NFT 컬렉션을 구축해보는 것은 어떨까? 누가 아는가? 당신이 제2의 비플이 될 수 있을지. 물론 성급한 기대와 확신은 금물이겠지만 말이다.

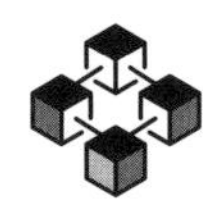

토큰증권(STO): 조각투자 시장의 개막

부동산, 예술품, 음악 저작권, 그리고 항공기 엔진까지—한때 거대 자본가들만이 투자할 수 있었던 고가의 자산들이 이제 일반 투자자들에게도 열려 있다. 소액으로도 건물주가 될 수 있고, 유명 가수의 히트곡에서 저작권 수익을 받을 수도 있다. 바로 토큰증권(Security Token Offering, STO)이 만들어낸 새로운 투자 패러다임이다.

토큰증권이란 블록체인 기술을 활용해 실물 자산을 디지털 형태로 조각내어 투자할 수 있도록 만든 금융상품을 의미한다. 이를 통해 고가의 자산도 여러 개의 작은 단위로 쪼개어 투자할 수 있으며, 투자자들은 기존 주식·채권과는 다른 방식으로 다양한 자산에 접근할 수 있다. 특히 STO는 기존의 조각투자 모델과 달리 블록체인 기반의 분산원장 기술을 활용해 거래의 투명성을 높이고, 중앙 기관 없이 빠르고 효율적인 거래가 가능하도록 설계되었다.

하지만 한국에서 STO가 본격적으로 자리 잡기 위해서는 아직 해결해야 할 법적 과제들이 많다. 현재 금융위원회는 '토큰증권 가이드라인'을 발표하며 새로운 시장 형성을 지원하고 있지만, 자본시장법과 전자증권법 개정이 지연되면서 기업들은 명확한 법적 근거 없이 사업을 운영하는 한계를 겪고 있다. 그럼에도 불구하고 STO는 부동산·예술품·대출채권 등 유동성이 낮았던 자산 시장을 혁신적으로 변화시킬 수 있는 강력한 도구로 주목받고 있다.

이 글에서는 토큰증권의 개념과 역사, 조각투자와의 차이점, 그리고 실제 사례를 통해 이 시장이 어떻게 발전하고 있는지 살펴본다. 또한 STO가 투자자들에게 어떤 기회를 제공하는지, 그리고 향후 법제화와 시장의 성장 가능성은 어떠한지를 분석해보고자 한다.

비싼 자산도 마음대로 쪼갤 수 있는 증권?

정기예금 만기가 도래해 원리금 1,500만 원을 수령하게 된 김복덕 씨. 평소에 부동산에 관심이 많아, 부동산 정보를 찾아보면서 언젠가는 좋은 자리에 있는 상가를 매입해서 임대료를 받으면서 시세차익도 노리고 있다. 그런데 문제는 그의 수중에는 정기예금 1,500만 원과 가상자산 매매 목적으로 거래소 연결계좌에 예치한 현금 1천만 원이 전부다.

'요즘 압구정동 아파트들 재건축 바람이 불고 있는데, 근처 상가 하나 사놓으면 쏠쏠할 것 같은데, 이놈의 돈이 없으니 은행에 빚을 져도 살 수가 없구만.' 이런 아쉬움을 뒤로한 채 김복덕 씨는 인터넷 서핑을 하면서 뉴스들을 검색해본다. 포털사이트 몇 개 검색하다가 눈에 띄는 헤드라인을 발견한다. "블록체인 기술을 활용하면 커피 한 잔 값으로 건물주가 될 수 있습니다."

블록체인 기술의 발달은 수많은 종류의 가상자산에 국한하지 않고, 자본시장에도 그 영향을 미치고 있다. 그러면서 등장한 용어가 토큰증권(Security Token Offering, 이하 'STO')이다. 토큰증권이라는 단어는 Token Security가 맞을 것 같지만 이 영문명은 전 세계에서 통용되는 용어를 기초로 금융위원회에서 정의했다. 필자의 개인 견해로는, 표준화된 영문명을 번역하면 '증권형 토큰'이 맞을 것 같지만 '실물증권' '전자증권'과 같은 증권발행의 형태와 라인을 맞추기 위함이 아닌가 싶다.

새로운 기술의 등장은 새로운 기회를 엿보는 수많은 기업들, 그리고 주식과 채권의 '낮은' 수익률에 따분함을 느끼던 투자자들에게는 '토큰증권이 뭔가 기회를 제공할 것'이라는 기대감이 커졌다. 그들이 주목했던 부분은 '유동화'였다.

63빌딩 같은 비싼 빌딩도, 아이유가 부르는 노래의 저작권도, 톱으로 잘라도 쪼갤 수 없는 수백억의 항공기 엔진도 블록체인의 분산원장 기술을 활용해서 쉽게 정보를 저장하면서 정보의 위변조를 방지하며, 쪼갤 수 있는 만큼 쪼개서 소액의 투자자들도 쉽게 매매할 수 있는 금융상품을 만들 수 있다는 사실에 모두 열광했다. 그리고 마치 가상자산 거래소와 같은 초스피드의 거래 시스템을 만들 수 있다면, 분산원장의 특성상 거래중개인 없이, 거래소에서 희망 매입자와 매도자 간 중개비용 없이 쉽게 거래할 수 있는 시장을 만들 수 있다는 희망이 있었다.

그러나 토큰증권에 대한 근거 법령이 없어, 관련법 개정[자본시장과 금융투자업에 관한 법률(이하 '자본시장법'), 주식·사채 등의 전자등록에 관한 법률(이하 '전자증권법')]이 절실함에도, 여야 간 정쟁과 대통령의 탄핵 정국 등이 맞물리면서 언제 법제화가 될지에 대해서는 불확실하다. 이러한 시련 속에 토큰증권 사업을 모델로 한 많은 기업들이 'STO 윈터(winter)'를 겪고 있으나, 빠른 기술발달과 토큰증권의 대상이 되는 기초자산의 잠재수익을 감안하면 현재의 시련을 딛고 재도약할 가능성이 있다.

조각투자를 토큰증권화할 수 있을까?

사실 토큰증권은 비싸고 거래유동성이 낮은 기초자산을 '유동화'할 목적으로 사용하는 형태로만 사용되지 않는다. 이것은 지난 2023년

2월 '토큰증권 가이드라인'에서 금융위원회가 비정형적 기초자산을 바탕으로 발행하는 신종증권에 대해서만 토큰증권 발행을 허용할 것이라는 지침을 통해서, 우리나라에서만 굳어진 개념이다.

사실 토큰증권은 주식, 채권, 펀드(집합투자증권) 등 기존 자본시장법에서 규정한 금융투자상품 종류에도 똑같이 적용할 수 있다. 그런 점에서 부디 토큰증권이 비정형적인 신종증권을 발행할 때만 발행할 수 있는 형태가 아니라는 점을 알았으면 한다.

사실 토큰증권이 본격적으로 관심을 받게 된 데는, 그동안 다수의 투자자들이 공동투자 형태로 투자를 했던 방식에 대해, 금융당국이 '이러한 형태는 증권이며, 증권이라면 자본시장법의 적용을 받아야 한다'고 해석하면서 시작되었다. '조각투자'에 대해 정의하자면, 조

Howey 기준을 토대로 본 투자계약증권 성립 요건

기초자산의 가격상승만을 기대하는 목적 때문에 음악저작권 수익청구권이나 미술품 등을 기초자산으로 한 조각투자를 증권으로 해석하는 것은 무리가 따른다는 해석도 있다. 뒤에 설명할 조각투자의 한 형태인 투자계약증권의 성립요건을 미국의 'Howey 기준'을 토대로 보면 '1. 투자이익을 기대하며, 2. 주로 타인의 노력에 따라 운영되는 공동의 사업에, 3. 금전 등을 투자해 손익을 귀속받는 형태'를 만족해야 한다.
그런데 현재 미술품 조각투자업체는 투자계약증권 발행 후 해당 미술품은 지정한 수장고에 꼼짝 못 한 채 보관되어 있다. 즉 미술품을 갤러리에 대여해서 대여료를 받는다거나 전시회를 통해 입장료 등의 수익을 얻는 등의 '공동의 사업' 조건이 들어가야 할 것이다.

각투자란 2인 이상의 투자자가 실물자산, 그 밖에 재산적 가치가 있는 권리를 분할한 청구권에 투자·거래하는 신종 투자형태다. 이 조각투자를 증권으로 보느냐의 여부를 판단하는 가장 중요한 기준은 조각에 투자하는 이유가 '사용 목적이냐, 아니면 수익을 기대하는 목적이냐'다.

예를 들어 콘도 회원권을 3명이서 나누어 샀다면 회원권의 가격 상승을 기대할 수도 있지만 가장 중요한 투자 목적은 회원권을 이용해 콘도를 이용하는 것이다. 이런 경우 금융당국에서 보는 자본시장법상의 '증권'으로 보지 않는다.

반면에 음악 저작권, 미술품, 한우 등을 가지고 조각투자 사업을 영위하는 회사의 경우, 그 투자자들이 음악 저작권의 일부를 방송사 음악프로그램에 직접 사용하도록 하거나 미술품을 집에 걸어놓고 장식용으로 쓰는 목적보다는 앞으로 가격상승을 기대하며 투자하는 목적이 더 크다. 그러므로 이를 '증권'으로 해석해 자본시장법의 규제를 받게 된다.

그러면 증권으로 인정되는 조각투자를 반드시 토큰증권으로 발행해야 할까? 그렇지는 않다. 현재 자본시장법 및 전자증권법에서 규정하고 있는 증권 형태의 종류는 크게 2가지다. 즉 실물증권과 전자증권으로 구분된다. 실물증권은 말 그대로 종이 형태의 실물로 증권을 발행하는 것이고, 전자증권은 한국예탁원이라는 국내 유일의 공공 증권예탁기관에서 관리하는 전산시스템 내의 데이터로만 보관 및 관리하는 증권이다.

여기서 2가지 질문을 할 수 있다. 첫 번째 질문은 '얼핏 보면 전자증권과 토큰증권이 전자적 방식으로 발행하는 공통점을 가지고 있는데 어떤 점이 다를까?' 하는 것이다. 가장 큰 차이점은 토큰증권은 한국예탁원과 같은 중앙계좌부에 표시되는 것이 아니라 분산원장에 표시되는 탈중앙화 증권이라는 점이다. 두 번째 질문은 '왜 현재 발행 형태에 따른 증권이 실물증권과 전자증권만 있고 토큰증권

'조각투자=토큰증권?' 실제와 다른 사례

1호 STO 사업자 탄생…新 결제시장 열린다

열매컴퍼니, 헥토파이낸셜·케이뱅크와 맞손

손희연 기자 | 입력 :2023/12/28 08:42 수정수정: 2023/12/28 16:23 금융

금융감독원이 토큰증권 기반 조각투자(STO) 1호사를 인가하면서 새로운 결제시장도 열릴 것으로 전망된다.

28일 관련업계에 따르면 '열매컴퍼니'가 제출한 증권신고서가 금감원으로부터 승인을 받으면서 본격적으로 영업을 시작하며 이와 관련해 자금 집금 은행은 물론이고 결제솔루션을 보유한 기업들의 경쟁을 펼칠 것으로 전망했다.

열매컴퍼니는 헥토파이낸셜과 케이뱅크와 손잡았다. 열매컴퍼니의 고객이 STO 결제를 위해 헥토파이낸셜에 계좌를 요청하면 헥토파이낸셜이 휴대전화 번호 기반의 가상계좌를 지급한다. 가상계좌로 들어온 돈은 케이뱅크가 확인하며 이를 열매컴퍼니에 알려준다. 열매컴퍼니는 고객의 입금 통보를 받으면 해당 STO에 대한 권리를 고객에게 주는 방식이다.

출처: ZDNet Korea(2023. 12. 28)

은 없다고 하는 걸까?' 하는 것이다. 현재 토큰증권으로 발행할 수 있는 법적 근거가 없다. 따라서 전자증권법 등 관련법이 바뀌어야 가능하다.

현재 조각투자 사업을 하고 있는 회사들의 대부분은 실물증권 또는 전자증권 형태로 발행하고 있다. 그런데 앞의 기사와 같이 왜 '조각투자는 곧 토큰증권'이라고 대중들은 생각할까? 사실 '열매 컴퍼니'라는 미술품을 기초자산으로 한 조각투자 증권(투자계약증권)을 발행할 때 실물증권을 발행하고 있는데 말이다. (물론 법이 개정되어 토큰증권으로 발행할 수 있는 환경이 조성된다면 STO 발행업체라고 부를 수 있을 것이다.)

조각투자를 위한 증권 종류

2024년 12월 기준, 국내에서 조각투자 형태로 발행 가능한 증권은 크게 2가지다. 신탁수익증권과 투자계약증권이다. 신탁수익증권은 금전신탁 또는 비금전신탁 형태로 발행되는데, 조각투자의 경우 비금전신탁을 활용한다. 비금전신탁은 현금 이외의 실물자산(부동산, 상업용 부동산 담보대출, 항공기 엔진 등)을 기초로 신탁을 설정한다.

이때 신탁제도를 활용하는 이유는 운영회사 파산 위험으로부터 투자자를 보호하기 위함이다. 기초자산과 운영회사를 법적으로 분

신탁 개념도 - 부동산

❶ 조각투자업체가 기초자산 선매입
❷ 조각투자업체와 신탁회사 간 관리처분 신탁계약체결 후 기초자산 양도

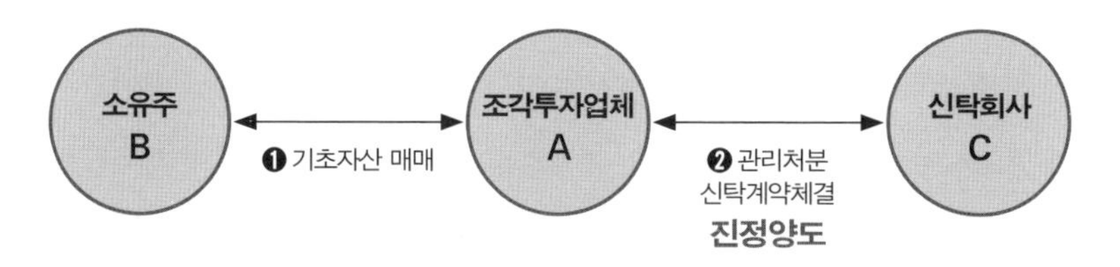

조각투자업체 A가 파산하더라도 기초자산은 A로부터 분리되어 투자자들이 보호를 받습니다.

리함으로써 운영회사 파산 시 기초자산을 임의로 처분해 채무 변제에 사용하는 행위를 막고, 투자자들에게 기초자산에 대한 수익 및 지분 권리를 보호하는 장치를 마련한다.

예를 들어 서울 소재의 상가를 기초자산으로 A 조각투자 회사가 이 상가를 기초로 증권을 발행했을 때, 투자자들은 기초자산의 수익성 및 A사의 운영 능력을 보고 투자했을 가능성이 높다. 그런데 A사가 파산했을 때 이를 변제하기 위해서 기초자산을 임의로 제3자에게 매각해서 그 돈으로 채무를 변제한다고 가정해보자. 그러면 투자자들은 깡그리 투자원금을 다 날리게 되는 셈이다.

이를 보호하기 위한 수단으로 '신탁'이라는 제도를 사용한다. 신탁수익증권을 발행함으로써 운영회사와 기초자산 간 진정한 '이별'을 선언하는 동시에 증권 보유자는 기초자산에 대한 지분을 인정받고 지분만큼 기초자산 소유권 및 수익의 우선권을 가진다.

투자계약증권 구조도

❶ 기초자산 가치의 100% 이상의 보험가입된 장소 위치 공개 및 보관(물리적인 완전 이별 불가)
❷ 공증 및 확정일자를 갖춘 소유권 명부 공개 - 소유권 입증 시 기초자산과 발행사 간 도산절연 가능

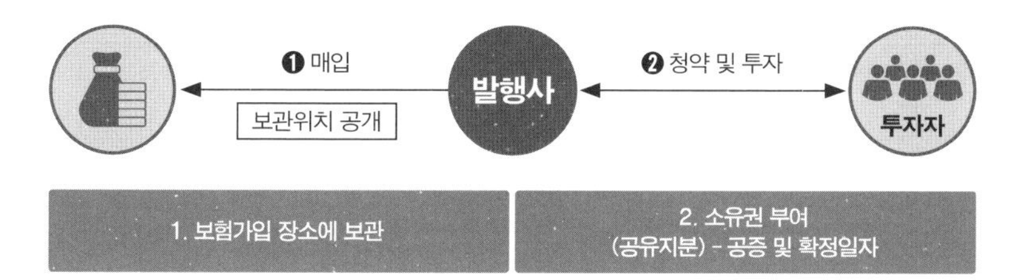

한편 투자계약증권은 기존 자본시장에 없던 신종증권을 포괄하기 위한 개념이다. 자본시장법 제4조 제6항에 따르면, 투자계약증권은 특정 투자자가 공동사업에 자금을 투자하고, 타인의 사업 성과에 따른 손익을 배분받는 계약상의 권리가 표시된 증권이다. 현재 이 형태로 발행되는 조각투자 기초자산은 미술품, 한우 등이다. 즉 투자계약증권은 기존 주식·채권처럼 명확히 정의된 범주를 넘어, 새로운 유형의 자산·사업에 대한 투자 수익을 증권 형태로 표현하고자 하는 시도라 할 수 있다.

그러면 신탁수익증권과 투자계약증권으로 구분해 발행하는 이유는 무엇일까? 금융당국에서 신탁수익증권으로 발행할 수 있는 조건을 만족하는 기초자산 이외에는 투자계약증권으로 발행하고 있다. 주요 조건은 다음과 같다.

- 객관적 가치 측정 및 평가가 가능할 것
- 주식·채권 등 기존 시장에서 쉽게 매입 가능한 자산이 아닐 것
- 기초자산 처분이 용이하고, 처분 과정이 국내법 적용을 받을 것
- 단일자산이어야 하며, 불확실한 사건(PF, 브릿지론 등)과 연관되지 않을 것

왜 조각투자를 토큰증권이라고 말하는가?

앞서 언급했지만, 현행법으로 토큰증권을 발행할 수 있는 법적 근거가 없다. 그런데 토큰증권의 근간이 되는 블록체인 기술은 앞으로 금융 전반을 획기적으로 바꿀 수 있는 혁신성이 있는 기술이다. 따라서 정부는 현행법에는 없지만 혁신성이 인정되어 사업을 할 만하다고 판단하는 사업은 특별법을 통해서 한시적으로 허용하고 있다. 이를 '혁신금융서비스'라고 하며, 그 법의 이름은 '금융혁신지원 특별법(이하 '특별법')'이다.

특별법에 따르면 혁신금융서비스는 일반적으로 2년, 최장 4년까지 사업을 할 수 있도록 허용한다. 특별법에 따라 특례를 받는 부분은 분산원장 기술을 활용한 증권 발행뿐만 아니라 비금전신탁수익증권 발행, 그리고 발행 시 조각투자 회사가 직접 투자자를 모집하는 행위 등이다.

우선 현행 자본시장법에서는 금전신탁수익증권만 유일하게 발행할 수 있는 유일한 신탁수익증권으로 규정하고 있다(자본시장법 제110조). 또한 증권을 발행할 때 투자자를 모집, 주선하고 증권을 판매하는 자격은 증권사가 갖추고 있어서 증권사를 통해서 판매를 해야 한다. 그러나 이 역시 특별법에 의거해서 조각투자 운영회사가 직접 판매할 수 있도록 특례를 부여할 수 있다.

반면에 투자계약증권 발행은 기존 자본시장법 내에서 발행할 수

조각투자 운영회사 현황(2024년 12월 기준)

증권	회사명	기초자산	토큰증권 가능여부	혁신금융 서비스여부	상품발행 여부
비금전 신탁 수익증권	카사코리아	실물부동산	○	○	○
	루센트블록		○	○	○
	펀드블록 코리아		○	○	○
	에이판다 파트너스	상업용부동산 담보대출	○	○	준비중
	갤럭시아 머니트리	항공기엔진	○	○	준비중
	뮤직카우	음악저작권	×	○	○
투자 계약 증권	열매컴퍼니	미술품	×	×	○
	서울옥션 블루		×	×	○
	투게더아트		×	×	○
	스탁키퍼	한우	×	×	○

있어, 특별법에 의한 특례없이 발행 및 판매가 가능하다. 현재 조각투자 발행 증권별 운영회사는 앞에 나오는 표의 내용과 같다.

그러면 혁신금융서비스 자격을 받은 조각투자 회사들이 발행하는 증권 형태는 토큰증권일까? 사실 독자적인 토큰증권 형태는 아니다. 현재 비금전신탁수익증권을 발행하는 조각투자 운영회사들은 모두 전자증권 형태로 발행을 한다. 여기서 미디어에서 토큰증권이라고 부르는 형태는 전자증권을 발행하되, 이를 미러링(mirroring, 진품을 그대로 본따서 만드는 방법)해 만든 토큰을 유통시장에서 거래할 수 있도록 하는 방식을 의미한다.

토큰증권은 그 자체가 독립적인 증권으로 인정받는 반면에, 현실은 토큰 자체의 신뢰성을 100% 믿지 못하므로 기존의 전자증권 방식을 진품으로 놓고 이와 똑같은 모조품을 토큰 형태로 만드는 것이다. 그래서 이것을 '토큰기술을 활용한 신탁수익증권'이라고 부른다.

조각투자의 수익구조와 투자 시 고려사항

현재 조각투자 상품의 투자가치는, 신탁수익증권은 카사코리아가 2019년부터, 투자계약증권은 2023년 말부터 발행되었기 때문에 그 역사가 짧아 단정지어 말하기는 어렵다. 그러나 조각투자업체들이 설계하는 수익 구조는 다음에 나오는 표의 내용과 같다.

운영회사별 상품 수익구조

<table>
<tr><th>증권</th><th>회사명</th><th>기초자산</th><th>발생수익</th><th>유통시장
존재여부</th></tr>
<tr><td rowspan="6">비금전신탁
수익증권</td><td>카사코리아</td><td rowspan="3">실물부동산</td><td rowspan="3">임대수익,
시세차익</td><td>○</td></tr>
<tr><td>루센트블록</td><td>○</td></tr>
<tr><td>펀드블록
코리아</td><td>○</td></tr>
<tr><td>에이판다
파트너스</td><td>상업용부동산
담보대출</td><td>이자수익</td><td>○</td></tr>
<tr><td>갤럭시아
머니트리</td><td>항공기엔진</td><td>리스수익,
시세차익</td><td>○</td></tr>
<tr><td>뮤직카우</td><td>음악저작권</td><td>저작권 수익,
시세차익</td><td>○</td></tr>
<tr><td rowspan="4">투자계약
증권</td><td>열매컴퍼니</td><td rowspan="3">미술품</td><td rowspan="4">시세차익</td><td>×</td></tr>
<tr><td>서울옥션
블루</td><td>×</td></tr>
<tr><td>투게더아트</td><td>×</td></tr>
<tr><td>스탁키퍼</td><td>한우</td><td>×</td></tr>
</table>

비금전신탁수익증권은 비교적 규칙적인 현금흐름(임대료, 이자, 리스, 저작권)을 바탕으로 기초자산 처분 시 시세차익을 투자자들이 수취할 수 있도록 설계한다. 반면 투자계약증권은 발행 시 기초자산을 증권신고서에서 공시한 장소에서 그것을 매각할 때까지 보관해야 하므로 이를 통해 나오는 안정적인 현금흐름은 없다.

또한 특별법을 통해 혁신금융서비스 사업자로 지정된 조각투자

회사들은 유통시장을 함께 운영할 수 있는 자격을 가진다. 따라서 투자자들은 유통시장에서 자유롭게 거래를 하면서 중도에 신탁수익증권을 매각할 수 있다.

다만 특별법에 의거해 혁신금융서비스 사업자는 발행과 유통 플랫폼을 동시에 운영할 수 있는 특례를 부여받았으나, 원칙적으로 발행과 유통은 분리되어야 함을 금융당국에서 정하고 있는 바, 향후 유통시장은 현행 자본시장법상 '장외거래중개업' 라이선스를 부여받는 제3의 기관으로 이전해야 할 것이다.

조각투자는 '커피 한 잔 가격으로 상가 소유주가 될 수 있다'라는 캐치프레이즈를 가질 만큼 소액으로도 참여가 가능하다는 특징을 가지고 있다. 반면 기초자산이 비정형화되어서 운영회사들이 공시하는 평가가격과 실제 거래가 가능한 가격 간 괴리가 상당할 수 있다는 단점을 가지고 있다.

그리고 토큰증권의 형태를 띠고 있는 신탁수익증권도 발행 시 전체의 약 10%에 가까운 비용이 들어간다. 이 비용이 빠진 채로 유통시장에 상장되면 바로 10%만큼 가격이 하락하면서 시작한다. 그리고 참여자들이 커피 한 잔 가격 수준으로 매매를 원하기 때문에 기대와 달리 유통시장에서의 의미 있는 대량의 거래는 일어나지 않고 있다.

결국 투자자들은 투자할 때 2가지를 고려해야 한다. 첫째, 증권 발행 후 되도록 빠른 시기에 기초자산을 매각할 수 있는 상품 중심으로 투자하는 것이 좋다. 물론 임대료나 음악 저작권 수익 같은 안정적인 현금흐름이 충분히 높다면 오랜 기간 보유하는 것도 방법이다. 그러나 현재까지 조각투자 상품의 환금성이 높지 않다는 점을 감안할 때는 기초자산을 적당한 시점에 팔 수 있을 만한 유동성을 가진 상품에 투자하는 것이 바람직하다. 둘째, 절대 '몰빵'을 해서는 안 된다. 충분한 여윳돈이 있을 때 소액투자하는 것을 원칙으로 하기 바란다.

실전 조각투자의 예

조각투자는 발행물에 투자하고 가격이 올랐을 때 거래소에서 중도 매각을 하거나 기초자산을 매각할 때 시세차익을 기대하는 과정이 가장 일반적인 투자 방법이다. 운영회사별로 거래가 가능한 금융기관 계좌를 보유해야 한다.

KYC 절차를 마치고 계좌를 만들었다고 가정하면, 다음의 '발행상품 참여 방법'과 같은 절차를 거쳐 발행물을 투자할 수 있게 된다. 여기서는 뮤직카우가 발행물 옥션 형태로 출시한 아이유의 '라일락' 저작권 수익청구권을 기반으로 한 비금전신탁수익증권(뮤직카우는 토큰기술을 활용한 분산원장을 사용하지 않으며, 단순 전자증권으로 발행함)에 소액 참여하는 과정이다.

발행 상품 참여 방법

1. 옥션 상품 선택

2. 입찰가격 현황 검색

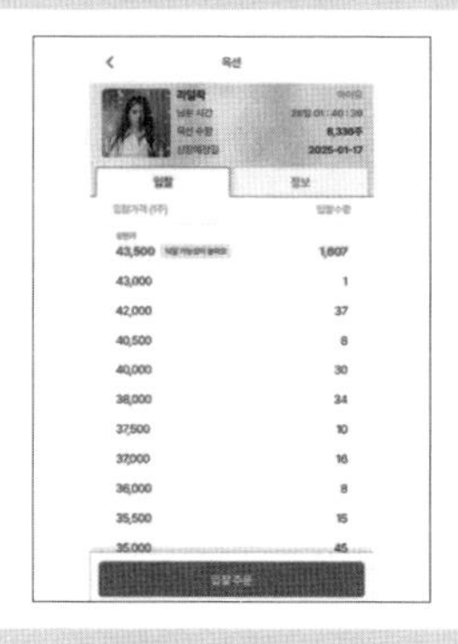

3. 입찰 주문

4. 투자설명서 읽기 & 동의

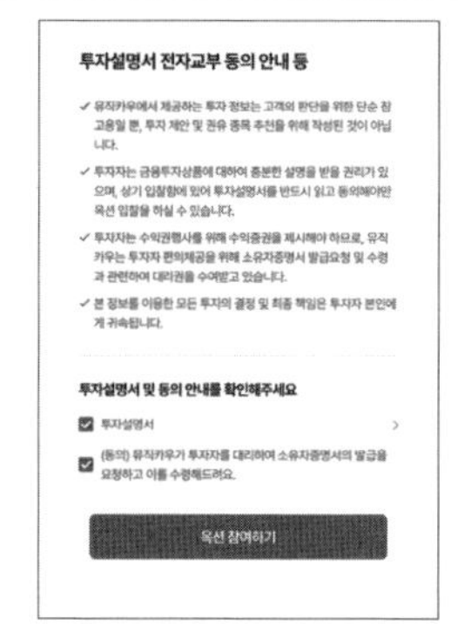

5. 입찰 완료

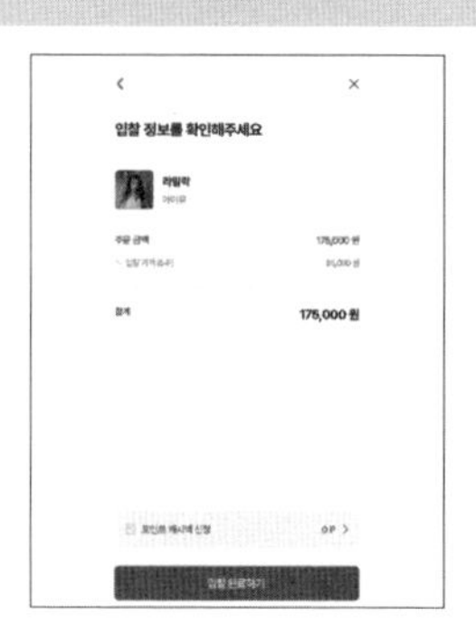

출처: 뮤직카우

도대체 토큰증권을 발행할 수 있는 법은 언제 개정되는 걸까?

2024년 12월 기준 토큰증권 발행을 위한 개정 법안이 국민의 힘 김재섭, 김상훈 의원 및 더불어민주당 민병덕 의원의 대표 발의로 각각 소관 상임위원회인 정무위원회에 의해 접수된 상황이다. 주요 내용은 '1. 비금전신탁수익증권 발행 허용, 2. 분산원장 기술을 활용한 전자적 증권, 즉 토큰증권 발행의 근거 마련, 3. 비정형 신종증권의 유통거래소 설립을 위한 장외거래중개업 신설' 등이다.

앞으로 정무위원회 통과 후 법제사법위원회에서 의결, 그리고 본회의 통과의 단계를 밟아야 한다. 이후 금융위원회 주도의 자본시장법 및 전자증권법 시행령 개정 절차 등이 남아 있다. 그러나 2024년 12월 기준, 대통령의 비상 계엄에 따른 혼란으로 동 법안 개정이 후순위로 밀린 느낌이다. 카사코리아와 같이 이미 혁신금융서비스 지정 기간이 종료되어 유예를 받는 기업이나 루센트블록 등 1차 혁신금융서비스 지정 기간 만료가 가까워지는 기업들이 외부 법률리스크 없이 안정적으로 사업을 영위하면서 투자자들에게 양질의 토큰증권을 발행할 수 있도록 환경을 조성하는 일이 급선무다.

나오며

코인 시장, 이제 선택은 당신의 몫이다

코인 시장은 여전히 진화중이다. 15년 전 비트코인의 탄생은 단순한 기술적 실험으로 시작되었지만, 지금은 누구도 무시할 수 없는 거대한 금융 생태계로 자리 잡았다. 그동안 우리는 비트코인의 디지털 금이라는 내러티브부터 NFT, DeFi 같은 혁신적 기술과 이야기를 통해 이 시장의 가능성을 목격해왔다. 하지만 동시에 극단적인 변동성과 수많은 실패 사례를 통해 그 위험성도 체감했다.

이 책을 통해 당신은 코인 시장의 과거와 현재를 이해하고, 그 흐름 속에서 미래를 준비할 수 있는 기본적인 시각을 얻었을 것이다. 그러나 중요한 것은, 이러한 지식이 성공적인 투자를 보장하지는 않는다는 점이다. 코인 시장은 본질적으로 높은 변동성과 불확실성을 동반하며, 그 속에서 투자자는 냉철한 판단력을 요구받는다.

코인 시장의 모든 내러티브, 기술적 혁신, 그리고 규제 변화는 투자자들에게 기회가 될 수도 있지만, 한순간에 위험으로 돌변할 가능성도 있다. 이는 비트코인이 처음 세상에 등장했을 때부터 변하지 않은 사실이다. 코인은 혁신과 투기의 경계에 서 있다. 그리고 그 경계는 당신이 투자자로서 서 있는 자리와 투자 목적에 따라 다르게 보일 것이다.

코인은 당신에게 무엇을 의미하는가?

이제, 스스로에게 질문해보라.

- 나는 코인의 본질을 충분히 이해했는가?
- 나는 코인이 내 삶과 투자 포트폴리오에서 어떤 역할을 할지를 명확히 정의했는가?
- 나는 리스크를 감수할 준비가 되어 있는가?

코인은 더 이상 '모험가들만의 무대'가 아니다. 30~40대 직장인, 가벼운 투자자, 혹은 진지한 포트폴리오 구축을 고민하는 누구에게나 이 시장은 새로운 기회와 도전으로 다가오고 있다.

하지만 기회는 준비된 자에게만 찾아온다.

단순한 유행을 따라 투자하기보다는, 코인 시장의 본질과 흐름을 이해하고 자신의 재정적 목표와 일치시키는 전략적 접근이 필수적이다. 이 책에서 다룬 내용을 바탕으로 코인을 단순히 투자 수단으로만 보는 것을 넘어, 현대 금융의 진화 과정에서 어떤 의미를 가지는지 숙고해보라.

코인 시장의 미래는 무엇으로 결정될까?

코인 시장의 미래는 단순히 기술의 발전과 규제의 변화로 결정되지 않는다. 코인 시장은 여전히 도전적이고 불확실하기 때문이다. 그러나 이러한 불확실성 속에도 분명한 기회가 존재한다.

중요한 점은, 투자자 스스로가 그 기회를 어떻게 정의하고 활용할지를 명확히 하는 것이다. 그 미래는 결국 시장을 움직이는 투자자들, 그리고 그중에서도 이 책을 읽고 고민하며 스스로의 선택을 준비하고 있는 당신 같은 사람들에 의해 만들어질 것이다.

현재 코인 시장은 중요한 전환점에 서 있다. 한편으로는 디지털 자산이 금융과 경제 시스템에 더 깊숙이 통합되고 있으며, 다른 한편으로는 규제의 강도가 높아지면서 시장의 자유로운 성장이 제약을 받을 가능성도 있다. 하지만 이 모든 변화 속에서도 코인 시장은 기회를 만들어낸다. 그것이 단기적인 투기적 수익이든, 장기적인 기술적 혁신이든 간에, 그 기회를 잡을 준비가 되어 있는 사람만이 미래의 주인이 될 것이다.

우리는 독자 스스로가 코인 시장에 대해 스스로 생각할 수 있는 기초를 제공하고자 이 책을 집필했다. 단순히 정보를 전달하는 데 그치지 않고, 당신이 더 나은 투자자가 될 수 있도록 스스로의 질문에 답할 수 있는 기반을 마련하는 데 이 책이 도움이 되기를 바란다.

★ 메이트북스는 독자의 꿈을 사랑합니다

초보자가 꼭 알아야 할 배당투자의 기본!

주린이도 술술 읽는 친절한 배당투자

안혜신·김인경 지음 | 값 19,000원

예금이나 적금만으로는 돈을 모으기 어려운 시대가 되었다. 그렇다고 주식을 시작하기엔 오히려 돈을 잃을까 봐 두려움이 앞선다. 10년 이상 금융 분야를 취재해 온 두 저자는 안정적으로 수익을 챙길 수 있는 배당투자를 추천한다. 노후 대비를 위한 투자로 잘 알려진 배당투자에 대해 기본 개념부터 최신 동향, 주의 사항까지 친절히 설명한다. 배당투자에 입문하고 싶거나 투자를 하지만 계속 손해만 본다면 이 책을 통해 현명한 투자법을 터득할 수 있을 것이다.

현장에서 전하는 기자들의 생생한 반도체 취재수첩

술술 읽히는 친절한 반도체 투자

팀 포카칩(For K-chips) 지음 | 값 18,900원

반도체는 IT 기술, 의료 기술 등 다양한 분야에서 필수재이며 글로벌 경제 및 기술의 미래 변화에도 영향을 미치기 때문에 반도체 산업을 이해하는 것이 중요하다. 반도체 현장을 취재하던 기자들과 국회 보좌진 등이 만든 연구모임 '팀 포카칩'이 반도체에 대해 A부터 Z까지 모든 것을 담은 책을 출간했다. 반도체 산업의 구조와 기술이 변화무쌍한 이 시점에서 반도체에 대한 큰 틀을 보다 쉽게 파악하는 데 이 책이 도움이 될 것이다.

다가올 3년, 금융시장의 미래를 말한다

THE GREAT SHIFT 대전환기의 투자전략

신동준 지음 | 값 19,000원

팬데믹 이후 저성장·저물가·저금리의 '뉴 노멀(New Normal)'은 고성장·고물가·고금리의 '넥스트 노멀(Next Normal)'로 바뀌고 있다. 채권투자 전략과 자산배분전략 분야에서 수차례 베스트 애널리스트 1위에 선정된 저자는 이 책에서 데이터와 논리에 기반해 '넥스트 노멀'의 추세를 낱낱이 분석한다. 주류 이론과는 다른 주장으로 통찰력을 제공하는 이 책이 경제 흐름을 다각도로 보는 데 큰 도움이 될 것이다.

미래를 알면 돈의 향방이 보인다

곽수종 박사의 경제대예측 2025-2029

곽수종 지음 | 값 19,800원

소중한 재산을 지키고 싶거나 경제활동을 하거나 기업을 경영하고 있다면 5년 정도의 중장기적인 경제 예측 정도는 가지고 있어야 한다. 이 책은 주요 국가들의 경제 환경 분석을 통해 세계경제의 중장기 미래를 예측하고, 위기에 처한 한국경제의 지속가능한 성장 전략을 제시한다. 모든 수준의 독자들이 쉽게 이해할 수 있게 쓰여진 이 경제전망서를 통해 향후 5년간의 세계경제를 예측하고 대응하는 통찰력을 기를 수 있을 것이다.

갈등이 경제를 이끄는 시대의 투자법

갈등 경제

박상현 지음 | 값 18,500원

전 세계적으로 기술혁신이 경제를 이끌어가면서 사회 전반에서 부분적인 발전과 쇠퇴가 점점 빨라졌다. 이에 더해 예상치 못한 각종 갈등 요인이 잇따라 출현하면서 세계 경제 흐름은 더욱 종잡기 어려운 상황에 내몰리고 있다. 이 책은 세계적인 인구 감소와 초고령 사회 진입 등 현재 이슈가 되고 있는 사회문제를 조망하면서 앞으로의 세계 경제 흐름과 변화, 그에 맞는 투자 방향 등 다각적인 내용을 종합해 다루고 있다. 앞으로의 세계 경제 상황을 미리 내다보고 미래의 투자를 생각하는 사람들에게 훌륭한 대안이 될 것이다.

인공지능이 경제를 이끄는 시대의 투자법

AI 시대의 부의 지도

오순영 지음 | 값 19,800원

생성형 AI 같은 기술의 놀라운 성장에 따라 분석, 예측 및 개인화 기술이 놀랍도록 성장했다. 금융 IT 분야의 전문가인 저자는 생성형 AI 기술을 자산관리에 사용하는 데 도움이 될 내용을 담았다. 이 책은 AI 시대를 채우고 있는 기술, 기업, 비즈니스를 어떻게 받아들여야 하는지, AI 시대에 무엇을 보고 어떻게 해석해야 할지를 알려주고 있다. 지금은 AI 시대를 해석하는 능력이 곧 부의 추월차선을 결정하는 시대이기 때문이다.

이제 완전히 새로운 해법으로 세상과 경제를 읽어야 할 때다!

다가올 5년, 미래경제를 말한다

유신익 지음 | 값 21,000원

요즘같이 하루가 다르게 급변하는 시기에 이 책은 혼돈의 경제를 읽어내는 새로운 해법을 제시한다. 저자는 특별히 기축통화국의 경제정책 방향에 따른 글로벌 국가들의 통화 주권의 중요성을 강력하게 분석하고 대안을 제시한다. 현대 사회는 각 개인이 직접 혹은 간접투자를 통해 자기 자산을 적극적으로 관리하고 증가시키는 시대인 만큼 세계 경제의 움직임이나 우리나라 경제의 변화에 대해 나만의 답을 가지고 있어야 한다. 이 책이 그 해답을 찾는 데 방향을 제시해줄 것이다.

거스를 수 없는 주식투자의 빅트렌드, 로봇

최고의 성장주 로봇 산업에 투자하라

양승윤 지음 | 값 18,000원

로봇 산업이 현대 사회의 핵심 산업으로 떠올랐다. 인공지능과 로봇공학의 발전으로 이 산업은 전례 없는 성장세를 보이며 새로운 혁신을 이끌어내고 있는 만큼 향후 수년간 투자 여건이 형성될 것으로 보인다. 로봇 산업의 태동과 성장으로 투자기회는 보이지만, 아직은 이 분야가 생소한 이들에게 이 책은 로봇 산업 전반에 대한 흐름을 짚어줌으로써 투자에 대한 큰 그림을 그릴 수 있게 돕는다.

부를 끌어당기는 부동산 수업

2024-2025 부동산 시장을 움직이는 절대 트렌드 7

권화순 지음 | 값 19,800원

부동산 투자는 시장 상황이나 정부 정책이 달라짐에 따라 많은 변수의 영향을 받을 수밖에 없다. 이 책은 오랫동안 <머니투데이> 기자로 활동해온 저자가 부동산 시장을 어떻게 바라봐야 하는지, 그 속에서 어떤 방법으로 투자를 해야 하는지 쉽게 풀어낸 책이다. 2024~2025년 사이에 변화되는 부동산 정책이나 법령 및 이슈들을 담아 가장 빠른 시일 안에 수익이 나는 부동산을 찾을 수 있게 해줄 것이다.

사주명리학으로 보는 나만의 맞춤 주식투자 전략

나의 운을 알면 오르는 주식이 보인다

양대천 지음 | 값 21,500원

주식시장에서 살아남기 위해서 우리는 무엇을 해야 할까? 이 책은 그 해답을 사주명리학에 입각한 과학적 접근을 통해 풀어내고 있다. 예측 불허의 변수들로 점철된 주식시장에서 사주명리학의 도움을 받아 자신의 운을 먼저 살펴보고 그 후에 어느 시기에 어떤 주식을 사고팔지를 결정하는 방법을 소개하고 있다. 한마디로 자신의 운의 큰 흐름을 알고 그 운을 주식에서 백분 활용하는 방법을 알게 될 것이다.

'염블리' 염승환과 함께라면 주식이 쉽고 재미있다

주린이가 가장 알고 싶은 최다질문 TOP 77 ②

염승환 지음 | 값 19,000원

『주린이가 가장 알고 싶은 최다질문 TOP 77』의 후속편이다. 주식 초보자가 꼭 알아야 할 내용이지만 1편에 다 담지 못했던 내용, 개인 투자자들의 질문이 가장 많았던 주제들을 위주로 담았다. 저자는 이 책에 주식 초보자가 꼭 알아야 할 이론과 사례들을 담았지만 주식투자는 결코 이론만으로 되는 것이 아니므로 투자자 개개인이 직접 해보면서 경험을 쌓는 것이 중요함을 특별히 강조하고 있다.

김학주 교수가 들려주는 필승 투자 전략

주식투자는 설렘이다

김학주 지음 | 값 18,000원

여의도에서 손꼽히는 최고의 애널리스트로서 펀드매니저부터 최고투자책임자에 이르기까지 각 분야에서 최고를 달린 김학주 교수가 개인투자자들을 위한 투자전략서를 냈다. '위험한' 투자자산인 주식으로 가슴 설레는 투자를 하고 수익을 얻기 위해서는 스스로 공부하는 수밖에 없다. 최고의 애널리스트는 주식시장의 흐름을 과연 어떻게 읽는지, 그리고 어떤 철학과 방법으로 실전투자에 임하는지 이 책을 통해 배운다면 당신도 이미 투자에 성공한 것이나 다름이 없을 것이다.

미래를 읽고 부의 기회를 잡아라

곽수종 박사의 경제대예측 2024-2028

곽수종 지음 | 값 19,000원

국내 최고 경제학자 곽수종 박사가 세계경제, 특히 미국과 중국 경제의 위기와 기회를 살펴봄으로써 한국경제의 미래를 예측하는 책을 냈다. 미국과 중국경제에 대한 중단기 전망을 토대로 한국경제의 2024~2028년 전망을 시나리오 분석을 통해 설명하고 있는 이 책을 정독해보자. 세계경제가 당면한 현실과 큰 흐름을 살펴봄으로써 경제를 보는 시각이 열리고, 한국경제가 살아남을 해법을 찾을 수 있을 것이다.

부동산 고수와의 대화를 통해 찾아낸 부의 길

대체 박선배는 어떻게 저 많은 돈을 버는 걸까?

트윈팝 지음 | 값 18,000원

험난한 부동산시장에서 평범한 2030세대가 살아남아 내 집 마련을 하려면 어떻게 해야 할까? 이 책은 대한민국의 흙수저 사회초년생을 대표하는 '우현'의 성장기를 통해 2030 무주택자들의 고충을 생생히 담아내고, 큰돈 없는 초보자도 실행 가능한 부동산 접근법을 알려준다. '우현'의 부동산 선생님인 '박선배'의 알짜배기 부동산 재테크 수업을 따라가다 보면 내 집 마련은 물론, 인생역전을 향한 희망의 주로에 올라설 수 있을 것이다.

인플레이션 시대를 이겨내는 스마트한 투자법

AI도 모르는 부의 비밀

손병택(블랙) 지음 | 값 18,000원

돈 버는 투자에 힘을 실어주는 책이다. 수익을 극대화할 수 있는 투자하기 편한 환경은 거시경제로 알 수 있다. 거시경제의 흐름에 기반해 투자 전략을 제시한 유튜브 '블랙, 쉽게 배우는 재테크'의 운영자 손병택(블랙)이 인플레이션 시대의 투자에 대해 말한다. 이 책은 위기와 기회가 모두 공존해 있는 이 상황에서 현재와 미래의 투자에 고민 중인 사람들에게 성공적인 투자를 위한 투자전략을 제시한다.

부동산 초보자도 술술 읽는 친절한 입문서

부동산투자 궁금증 100문 100답

최영훈 지음 | 값 19,800원

기자 출신 부동산 전문가가 부동산투자 전에 꼭 알아두어야 할 필수 상식들만을 엄선해 쉽게 정리한 부린이용 가이드 책이다. 계약서 작성부터 잔금 처리, 이사까지, 부동산 거래 전 과정에서 생길 수 있는 문제 상황의 예방법과 대처법 등 실생활에 도움될 내용이 가득하다. 동네 공인중개사가 알려주듯 친근하게 꿀팁을 전하는 저자의 목소리를 따라 내 집 마련과 투자에 앞서 다양한 리스크들을 체크하고 방지해 손해 없이 거래해보자.

■ 독자 여러분의 소중한 원고를 기다립니다

메이트북스는 독자 여러분의 소중한 원고를 기다리고 있습니다. 집필을 끝냈거나 집필중인 원고가 있으신 분은 khg0109@hanmail.net으로 원고의 간단한 기획의도와 개요, 연락처 등과 함께 보내주시면 최대한 빨리 검토한 후에 연락드리겠습니다. 머뭇거리지 마시고 언제라도 메이트북스의 문을 두드리시면 반갑게 맞이하겠습니다.

■ 메이트북스 SNS는 보물창고입니다

메이트북스 홈페이지 matebooks.co.kr

홈페이지에 회원가입을 하시면 신속한 도서정보 및 출간도서에는 없는 미공개 원고를 보실 수 있습니다.

메이트북스 유튜브 bit.ly/2qXrcUb

활발하게 업로드되는 저자의 인터뷰, 책 소개 동영상을 통해 책에서는 접할 수 없었던 입체적인 정보들을 경험하실 수 있습니다.

메이트북스 블로그 blog.naver.com/1n1media

1분 전문가 칼럼, 화제의 책, 화제의 동영상 등 독자 여러분을 위해 다양한 콘텐츠를 매일 올리고 있습니다.

메이트북스 네이버 포스트 post.naver.com/1n1media

도서 내용을 재구성해 만든 블로그형, 카드뉴스형 포스트를 통해 유익하고 통찰력 있는 정보들을 경험하실 수 있습니다.

STEP 1. 네이버 검색창 옆의 카메라 모양 아이콘을 누르세요. STEP 2. 스마트렌즈를 통해 각 QR코드를 스캔하시면 됩니다.
STEP 3. 팝업창을 누르시면 메이트북스의 SNS가 나옵니다.